Vorhang auf?

Anselm Gerhard

Vorhang auf?

Ein Streifzug durch die Geschichte
der Opern-Ouvertüre

METZLER
BÄRENREITER

Anselm Gerhard
Universität Bern
Bern, Schweiz

ISBN 978-3-662-70534-6   ISBN 978-3-662-70535-3 (eBook)
https://doi.org/10.1007/978-3-662-70535-3

Ko-Publikation mit Bärenreiter-Verlag
ISBN der Ausgabe des Ko-Publikation-Verlages: 978-3-7618-2667-6

Die Deutsche Nationalbibliothek verzeichnet diese Publikation in der Deutschen Nationalbibliografie; detaillierte bibliografische Daten sind im Internet über https://portal.dnb.de abrufbar.

© Der/die Herausgeber bzw. der/die Autor(en), exklusiv lizenziert an Springer-Verlag GmbH, DE, ein Teil von Springer Nature 2025

Gemeinschaftsausgabe der Verlage J.B. Metzler, Berlin, und Bärenreiter-Verlag, Kassel
ISBN Bärenreiter-Verlag: 978-3-7618-2667-6

Das Werk einschließlich aller seiner Teile ist urheberrechtlich geschützt. Jede Verwertung, die nicht ausdrücklich vom Urheberrechtsgesetz zugelassen ist, bedarf der vorherigen Zustimmung des Verlags. Das gilt insbesondere für Vervielfältigungen, Bearbeitungen, Übersetzungen, Mikroverfilmungen und die Einspeicherung und Verarbeitung in elektronischen Systemen.
Die Wiedergabe von allgemein beschreibenden Bezeichnungen, Marken, Unternehmensnamen etc. in diesem Werk bedeutet nicht, dass diese frei durch jede Person benutzt werden dürfen. Die Berechtigung zur Benutzung unterliegt, auch ohne gesonderten Hinweis hierzu, den Regeln des Markenrechts. Die Rechte des/der jeweiligen Zeicheninhaber*in sind zu beachten.
Die Verlage, die Autor*innen und die Herausgeber*innen gehen davon aus, dass die Angaben und Informationen in diesem Werk zum Zeitpunkt der Veröffentlichung vollständig und korrekt sind. Weder die Verlage noch die Autor*innen oder die Herausgeber*innen übernehmen, ausdrücklich oder implizit, Gewähr für den Inhalt des Werkes, etwaige Fehler oder Äußerungen. Die Verlage bleiben im Hinblick auf geografische Zuordnungen und Gebietsbezeichnungen in veröffentlichten Karten und Institutionsadressen neutral.

Einbandabbildung: Schlosstheater Drottningholm. Foto: Bengt Wanselius/Drottningholms Slottsteater

Planung/Lektorat: Oliver Schuetze
J.B. Metzler ist ein Imprint der eingetragenen Gesellschaft Springer-Verlag GmbH, DE und ist ein Teil von Springer Nature.
Die Anschrift der Gesellschaft ist: Heidelberger Platz 3, 14197 Berlin, Germany

Wenn Sie dieses Produkt entsorgen, geben Sie das Papier bitte zum Recycling.

Inhaltsverzeichnis

Sinfonia und Ouverture   1
Mantua 1607   1
„Mantua" 1851   3
Die italienische „Sinfonia" als Modell   4
Pariser Sonderweg   6
Debatten in Berlin   10
Rameaus Experimente   13
Überdruss an der Schablone   18

Experimente in der Zeit der „Aufklärung"   21
Mozart, Salieri und Haydn   21
Unwetterszenen   24
Pantomimen   29
Kriegslärm   30
Die „Medley Overture"   34
Wien 1874   38

Kurz oder lang?   41
Wagners und Verdis Anfänge   41
„Si ántes no se conoce lo imitado"   43
Vorspiel oder Ouvertüre?   45
Rossinis Unwetter   49
Glöckchen und Schüsse   51
Überbordende Energie   53
Vorspiele als Warenmuster   58

Konkurrenz zur Symphonie — 65
Zwischen den Akten — 65
Symphonische Musik in der italienischen Oper — 70
Eine Ouvertüre als Keimzelle — 72
Braucht es überhaupt Ouvertüren? — 73
Medias in res — 75
Gestaffelte Vorhänge als Notlösung — 77

Sichtbares und Unsichtbares — 81
Unsichtbare Chöre — 81
Mitten im Gespräch — 83
„Bevor die Musik beginnt" — 85
Ein Sonnenaufgang in Japan — 87
Eine nachgelieferte Ouvertüre — 88
Vier Ouvertüren für einen „Klassiker" — 90
Am Anfang und zum Schluss — 99

Rückblenden und Prologe — 105
„Ich bin der Prolog" — 105
„Ein Stück, dem niemand zuhört" — 109
Prologe für „merkwürdige Geschichten" — 111
Rückblenden — 115
Bebilderte Ouvertüren in der Weimarer Republik — 118
„Flashbacks" im Jahre 1870 — 120
Vorgeschichte für das innere Auge — 122

Nachbemerkung und Dank — 129

Abbildungsnachweise — 131

Personen- und Werkregister — 133

Sinfonia und Ouverture

Mantua 1607

Die Toccata am Beginn von Claudio Monteverdis *Orfeo* ist heute so präsent wie nie zuvor in der mehr als vierhundertjährigen Operngeschichte. Jeder Konzert- und Opernübertragung der European Broadcasting Union wird sie als akustisches Signet vorangestellt. So stellt sich die Frage, welche Beziehung diese Musik zur Handlung der Oper hat, die 1607 im Stadtschloss von Mantua erstmals zur Aufführung gelangte. Zur Trauer Orfeos um seine Euridice? Ist es die Exkursion in die Unterwelt? Die Begegnung Orfeos mit dem Fährmann Caronte? Kein Weg führt an der Feststellung vorbei: Es gibt überhaupt keine Beziehung.

Die Trompeten intonieren nicht mehr und nicht weniger als eine Fanfare. Sie weist mitnichten auf das, was auf der Bühne zu sehen sein wird. Keine Spur von der Funktion, die wir heute von einer Eröffnungsmusik im Musiktheater erwarten würden. Die Fanfare dient allein dem, was auf Italienisch „zittire" heißt: ein unkonzentriertes, lärmiges Publikum dazu zu bringen, zumindest leiser zu reden. Jetzt soll die Aufmerksamkeit dem Geschehen auf der Bühne gelten.

Schauen wir genauer auf diese Einleitungstakte, finden wir uns mitten in den Besonderheiten einer Opernpartitur aus dem 17. Jahrhundert. Die musikalischen Quellen überliefern nur vage Anweisungen zum Klang, den sich der Komponist vorgestellt haben mag. Damals war man noch weit entfernt davon, instrumentale Besetzungen genau vorzuschreiben. In der gedruckten Partitur hat Monteverdi für diese Toccata außer den fünf verschiedenen Stimmlagen der Kornettfamilie nur den Generalbass notieren lassen. Gut möglich, dass neben Kornetten, also Vorläufern der Trompeten, auch Schlaginstrumente wie zum Beispiel Pauken eingesetzt wurden. Das Einzige, was eine Wortanweisung in der gedruckten Partitur unmissverständlich fixiert, ist der zeitliche Ablauf. Die Toccata soll vor dem „Öffnen des Vorhangs" gespielt werden, und zwar dreimal hintereinander. Ob es sich hier um einen Einzelfall handelt? Galt Ähnliches auch für andere Eröffnungsmusiken der Zeit? Wir wissen es nicht. Ein dreimaliges Signal am Beginn eines Opernabends wird uns dagegen auch noch in späteren Jahrhunderten begegnen.

Orfeo ist in vielerlei Hinsicht eine Ausnahme. Gleichwohl erlaubt dieses Werk im Umkehrschluss Aussagen über die Frühphase der Oper. Mehr als ungewöhnlich schon, dass Monteverdis Komposition in einem Notendruck überliefert ist. Die meisten Opernpartituren wurden – übrigens bis weit ins 19. Jahrhundert hinein – nur handschriftlich fixiert. Zahlreich sind deshalb Opern, von denen sich keine einzige musikalische Note erhalten hat. Von Monteverdi kennen wir nur von drei Opern die Musik. Zehn, vielleicht sogar fast zwanzig musiktheatralische Kompositionen aus seiner Feder sind für immer verloren.

Der Partiturdruck des *Orfeo* wurde erst zwei Jahre nach den ersten Aufführungen veranlasst. Offensichtlich hatte er keine praktische, sondern eine rein repräsentative Funktion. Monteverdis Auftraggeber, der Herzog von Mantua, musste sich beweisen. Denn seine Vorfahren waren erst im Jahre 1328 als „condottieri" (mit heutigen Begriffen könnte man von „warlords" sprechen) in einem blutigen Bürgerkrieg an die Macht gelangt. Den Titel eines Markgrafen hatte sich Gianfrancesco I. ein Jahrhundert später, im Jahre 1433, beim Kaiser gekauft. Erst 1530 wurde dessen Urururenkel Federico II. zum Herzog erhoben. Drei Generationen danach haftete den Gonzaga – wie auch den Medici in Florenz – immer noch der Geruch von Parvenus an. Ambitionierte Investitionen in die Schönen Künste sollten solche Defizite kompensieren. Prominenter noch als Monteverdi war der zur selben Zeit in Mantua als Hofmaler angestellte Peter Paul Rubens.

Es ist also allein „den besonderen Umständen der Aufführung des *Orfeo* am Mantuaner Hof und der dokumentarischen Absicht des Partiturdrucks" zuzuschreiben, dass „die zum Festereignis aufrufende Bläserfanfare ausnahmsweise" publiziert wurde. Die 1607 erstmals gespielte *Fa-*

vola d'Orfeo rappresentata in musica ist eines der frühesten Beispiele für die Kunstform, die sich später als „opera", „opéra" oder „Oper" konsolidieren sollte. Unter den Partituren aus den ersten Jahrzehnten der Operngeschichte gibt es überdies keine andere, die heute regelmäßig aufgeführt wird. Die wenigen älteren Exemplare dieser neuen Art eines hybriden Spektakels sind wesentlich schlechter dokumentiert als Monteverdis Erstling. Auch Jacopo Peris und Giulio Caccinis *Euridice*, 1600 anlässlich einer Hochzeit bei den Medici in Florenz aufgeführt, lässt die geringe Bedeutung erkennen, die man Eröffnungsmusiken zumaß. Der ebenfalls allein aus repräsentativen Gründen angefertigte Partiturdruck beginnt mit der Musik für die ersten gesungenen Verse. Wenn Opernpartituren in jener Zeit gedruckt wurden, fehlt in der Regel „das eröffnende Instrumentalspiel", etwa in „der nur ein Jahr nach dem *Orfeo* in Mantua aufgeführten *Dafne* (1608) von Marco da Gagliano".[1]

Die Vernachlässigung dessen, was wir heute Ouvertüre nennen, kann verallgemeinert werden. In der Oper des 17. Jahrhunderts wurde der Bühnenhandlung eine Toccata, eine Intrada oder eine Sinfonia vorausgestellt. Doch fast nie hielt man es für nötig, schriftlich festzuhalten, was genau. Exemplarisch findet sich eine solche Anweisung im Partiturdruck der gerade erwähnten *Dafne* aus dem Jahre 1608: „Vor dem Öffnen des Vorhangs, um die Aufmerksamkeit der Zuhörer zu erheischen, möge man eine Sinfonie spielen, die verschiedene Instrumente einsetzt, wie sie für die Begleitung der Chöre und die Ausführung der Ritornelle dienen." Dabei steht das italienische Wort „Sinfonia" im älteren, noch bis etwa 1800 gebräuchlichen Sinn für ein beliebiges Instrumentalstück ohne Gesang.

„Mantua" 1851

Vor einer genaueren Spurensuche nach den Verbindungen zwischen Eröffnungsmusik und Drama ein abrupter Szenenwechsel: von Mantua nach „Mantua". Am 11. März 1851 hatte im führenden Opernhaus Venedigs Giuseppe Verdis *Rigoletto* Premiere. Ort der Handlung ist die Stadt Mantua. Dabei war es in der Vorlage des Librettos, in Victor Hugos *Le roi s'amuse*, um die Untaten eines Königs gegangen, der sich in Paris „amüsiert" hatte. Doch in einem Europa der Monarchien hätte keine Zensurbehörde einen König von Frankreich in der Rolle eines Wüstlings akzeptiert. Als Notlösung wurde die Handlung von Paris nach Mantua verpflanzt, der König zum Herzog deklassiert. Das hatte viele Vorteile, insbesondere den, dass das Herzogtum von Mantua seit 1708 nicht mehr existierte. Die Familie der Gonzaga war damals ausgestorben, die Kaiser in Wien hatten das Territorium kassiert und regierten es fortan selbst.

Der Handlungsort von Verdis *Rigoletto* hat keine Bedeutung für dessen Dramaturgie. Was verbindet aber hier die Eröffnungsmusik mit der anschließenden Bühnenhandlung? Vor dem Beginn der Tragödie intoniert eine Solo-Trompete einen unheilschwangeren punktierten Rhythmus, in der Unteroktave verdoppelt von einer Solo-Posaune. Im dritten Takt wird ein dissonanter Akkord von einem Paukenwirbel grundiert. Im Gegensatz zu Monteverdis *Orfeo* stehen Pauken und Trompeten hier gerade nicht für festliche Repräsentation. Der erste Akkord im dritten Takt ist ein verminderter Septakkord, eine schreiende Dissonanz. Spätestens im fünften Takt ist klar, dass die harmonische Fortschreitung auf düsteres c-Moll zielt.

Das eröffnende Motiv der Trompete führt geradewegs in die Handlung, wie wir im Verlauf des ersten Aktes erkennen werden. In der Oper kehrt es immer dann wieder, wenn sich der Titelheld an die „maledizione" erinnert. So am Ende des ersten Bilds, wenn ihn Monterone verflucht, als Reaktion auf den erbarmungslosen Spott, mit dem Rigoletto seinen Schmerz verhöhnt hatte. Im Monolog Rigolettos vor dem ersten Duett mit seiner Tochter Gilda wird ebendieses Motiv mit dem Text „Quel vecchio maledivami!..." („Jener Alte hat mich verflucht!...") unterlegt. Am 3. Juni 1850 hatte Verdi seinem Textdichter erklärt: „Der ganze Stoff findet sich in diesem Fluch, der sich auch als moralischer erweist."[2] Verdis Erfolgsoper gestaltet somit eine direkte Verbindung zwischen der Musik der eröffnenden Takte und dem Drama. Das kurze Vorspiel buchstabiert den ursprünglich für *Rigoletto* vorgesehenen Titel aus: *La maledizione*.

Um nach diesem zweiten Schlaglicht die Perspektive wieder auf größere Entwicklungen zu weiten: Während *Orfeo* 1607 für einen historischen Moment stand, in der die Konsolidierung der Opern-Ouvertüre noch in weiter Ferne lag, war die in sich geschlossene Ouvertüre 1851 längst zum Auslaufmodell geworden. Die meisten Komponisten bevorzugten seit etwa 1830 ein kurzes Orchestervorspiel – wie eben Verdi in *Rigoletto*.

Die italienische „Sinfonia" als Modell

In den zweieinhalb Jahrhunderten zwischen Mantua 1607 und „Mantua" 1851 war eine Instrumentalkomposition vor dem Öffnen des Vorhangs selbstverständlich. Bezüge zum Drama auf der Bühne wurden dabei in der Regel nicht gesucht. Es ging um festliche Eröffnung, oft verknüpft mit der funktionalen Aufgabe, das Publikum zum Schweigen zu bringen. Noch bis in die frühen 1660er-Jahre hinein waren Eröffnungsstücke vor einer Oper so konzipiert worden, dass man mit deren Musik ein feierliches Hineingehen assoziieren konnte. Denn aus heutiger Sicht überrascht die Bedeutung der instrumentalen Bass-Stimme für den Tonsatz dieser Stücke. Die tiefste Partie grundiert mit langsam voranschreitenden Bewegungen einen zeremoniellen Auftritt – nicht nur denjenigen hochgestellter Bühnenfiguren, sondern auch den der gekrönten Häupter an der Spitze des Publikums. „Als eine der frühesten venezianischen Opernsinfonien, in denen der feierliche Eingang durch lebhafter bewegte Elemente unterbrochen wird, gilt allgemein Francesco Cavallis Sinfonia zum *Giasone* (1649) [...]. Die *Giasone*-Sinfonia besteht, wie die Mehrzahl der venezianischen Opernsinfonien seit ca. 1650, aus zwei Abschnitten: einem geradtaktigen feierlichen Eingang und einem abschließenden, tänzerisch bewegten Abschnitt in ungeradem Takt."[3]

In seltenen Einzelfällen nahm die Einleitungsmusik musikalische Gedanken der folgenden Oper vorweg oder deutete ein tonmalerisches Programm an – vermutlich zunächst im Umkreis des Wiener Kaiserhofs. (Der prekäre Forschungsstand erlaubt hier nur vorläufige Aussagen, zumal die instrumentalen Eröffnungsmusiken in den Partituren oft fehlen.) Ein prominentes Beispiel für eine solche Vorwegnahme ist die als „Sonata" bezeichnete Eröffnungsmusik zu *Il pomo d'oro* (Wien 1668). Diese Oper, in der es nicht um eine Tomate, sondern um das Urteil des Paris und den „goldenen Apfel" geht, hatte Antonio Cesti für die Hochzeit Kaiser Leopolds I. komponiert. Der zweite von drei kurzen Sätzen dieser „Sonata" nimmt Melodie und (Tanz-)Rhythmus des Chors vorweg, mit dem der unmittelbar anschließende allegorische Prolog eröffnet wird.

Anderthalb Jahrzehnte später sollte Antonio Draghi die Musik zu einem einaktigen Ballett mit dem Titel *L'albero del ramo d'oro* (Der Baum mit einem goldenen Zweig) schreiben. Anlass war die Zusammenkunft des ungarischen Landtags im Jahre 1681 – wegen der Pest nicht in der damaligen Hauptstadt Poszony (Preßburg, heute Bratislava), sondern in Sopron (Ödenburg). Hier wird der Zusammenhang von „Sinfonia" und Opernhandlung noch deutlicher. Über der Eröffnungsmusik steht: „Precede sinfonia come di strepito di Vento in un Bosco." („Es geht eine Sinfonia voran wie das Brausen des Windes in einem Wald.")

Insgesamt „lassen sich im Laufe des 17. Jahrhunderts verschiedene Tendenzen namhaft machen. Die auffälligste: der Schwund der feierlichgetragenen Einleitung zugunsten eines zunehmend figurativ ausgearbeiteten, lebhaften Eröffnungstempos. [...] Der Schritt von der venezianischen Opernsinfonie, die bis um 1700 trotz des Grundmusters Langsam (feierlich)/Lebhaft (tänzerisch) keine feste Anlage erkennen läßt, zur neapolitanischen Opernsinfonie in drei Sätzen [...] war entscheidend für die Konstituierung der Gattung." Erst kurz vor 1700 sollte sich in Italien dann ein Modell verfestigen, das ganz unspezifisch als „Sinfonia" bezeichnet wurde, also als Instrumentalstück ohne Gesang. „Mit der herrschenden italienischen Oper verbreitete sich auch die Opernsinfonie über ganz Europa und stieg neben dem ebenfalls dreisätzigen Solokonzert, der Triosonate, dem Concerto grosso und später neben Streichquartett und Klaviersonate zu einer Hauptgattung der Instrumentalkomposition auf."[4]

Als erstes Beispiel für die dreisätzige Norm gilt nach derzeitigem Forschungsstand Alessandro Scarlattis komische Oper *Tutto il mal non vien per nocere*, die im Januar 1681 in Rom zur Uraufführung kam. Danach sollte sich die Bedeutung des Wortes „Sinfonia" allmählich wandeln: nicht mehr nur irgendein Instrumentalstück, sondern in erster Linie genau das, was außerhalb Italiens als „Ouvertüre" bezeichnet wurde. Bald verbreitete sich dieser neue dreisätzige Typ auch jenseits der Opernhäuser. Von kaum zu überschätzender Bedeutung war dabei der Transfer der dreisätzigen Opern-Sinfonie in den Konzertsaal. Die illegitime Tochter der stereotypisierten italienischen Opern-Ouvertüre aus der ersten Hälfte des 18. Jahrhunderts ist bis heute allgegenwärtig. Man denke nur an einschlägige Werke von Haydn und Mozart, nach der Erweiterung zur viersätzigen Anlage dann auch von Beethoven, Schubert und Schumann, später von Brahms, Tschaikowski, Mahler und vielen anderen bis ins 21. Jahrhundert hinein.

Schaut man auf solche Opern-Sinfonien, sollte man sich die Grenzen zwischen Theater und Konzert als sehr durchlässig vorstellen. Noch im 19. Jahrhundert wurden regelmäßig Konzert-Sinfonien als musikalische Einleitungen für Opern- oder auch Schauspielaufführungen verwendet, ohne dass dies eindeutige Spuren hinterlassen hätte. Denn auf Programmzetteln oder in Textbüchern wurde in aller Regel nicht vermerkt, welche musikalische Komposition zur Eröffnung gespielt wurde.

Pariser Sonderweg

Die zunächst in Neapel und Rom, später in ganz Italien und schließlich europaweit durchgesetzte Schablone einer dreisätzigen Sinfonia war allerdings nicht das einzige Modell für Opern-Ouvertüren. Frankreich hatte unter Louis XIV konsequent einen Sonderweg eingeschlagen, obwohl die französische Operngeschichte mit der Übernahme von venezianischen Opern Francesco Cavallis begonnen hatte. Nur in Frankreich wurde Hofoper nicht auf Italienisch, sondern in der Landessprache gesungen. Und nur in Frankreich sollte (der aus Florenz stammende) Jean-Baptiste Lully das Grundmuster der venezianischen Opernsinfonie der Jahrhundertmitte mit der Abfolge eines langsamen und eines schnellen Satzes zu einem stabilen, unverwechselbar profilierten Typus ausformen. Als Prototyp begegnet dieses Muster in der Ouvertüre, die Lully für die Aufführung von Cavallis *Serse* am 22. November 1660 im Pariser Louvre nachkomponiert hatte.

Lullys Ouvertüren sind in aller Regel fünfstimmig. Der feierliche Eröffnungsteil mit einem gravitätisch wirkenden geraden Takt (meist 2/2 oder Alla breve) wird geschärft durch punktierte Rhythmen. Der folgende Teil prägt mit einem schnellen Tempo einen deutlichen Kontrast aus, oft in ungerader Taktart, fast immer imitatorisch, wenn nicht sogar fugiert gearbeitet. Meist folgt noch ein dritter, kürzerer Formteil, in dem das gravitätische Anfangstempo wiederaufgenommen wird. Diese Musik ist offensichtlich choreographisch konzipiert, allerdings nicht für Bewegungen auf der in diesem Moment noch nicht bespielten Bühne, sondern für solche im Zuschauerraum. Dieser wird auf seine Art zur Bühne, die Ouvertüre begleitet die Entrée des Hofstaats, angeführt vom absolutistischen Monarchen an der Spitze der Herrschaftspyramide. Allein deshalb wäre es widersinnig, dort nach Entsprechungen zu einer konkreten Bühnenhandlung zu suchen, also auf den Aspekt zu fokussieren, der im Mittelpunkt unserer Überlegungen stehen wird.

Am französischen Hof wurden diese Ouvertüren jeweils neu komponiert und als Bestandteil der Partitur gedruckt, so auch 1702 für André Campras *Tancrède* (siehe Abb. 1). Dennoch gehörten sie nicht zur Dramaturgie der jeweiligen Oper. Sucht man nach semantischen Zusammenhängen zwischen dem französischen Typus der Ouvertüre und den anschließend in Szene gesetzten Inhalten, wird man vor 1750 nur bei wenigen Komponisten fündig: bei zwei in London, die nie eine französische Oper geschrieben haben, und bei einem dritten, dessen Werkverzeichnis keine einzige Oper aufweist. Georg Friedrich Händel, der erste der beiden Londoner Komponisten, griff für seine in der britischen Hauptstadt in italienischer Sprache aufgeführten Opern – genauso wie für seine englischsprachigen Oratorien – fast ausnahmslos zur französischen Ouvertüre. Dieses Modell war in London schon am Ende des 17. Jahrhunderts eingeführt worden, etwa in Henry Purcells *Dido and Aeneas*.

Abb. 1 In Antwerpen ließ der Verleger Petrus Grangé einen Teil seiner Nachdrucke Pariser Opernlibretti mit einer ausklappbaren Abbildung ausstatten. Ein Jahr nach der Eröffnung des hier sichtbaren Neubaus des „Théâtre d'Anvers" im Tapissierspand wurde 1712 André Campras *Tancrède* nachgespielt. Das Aufziehen des Vorhangs durch einen Putto lässt den Einfluss allegorischer Traditionen auf die Arbeit des Kupferstechers Pieter Balthazar Bouttats erkennen. Sie gibt dem Wort „Ouverture" eine unerwartete Nuance, zumal nicht geklärt ist, ob in der französischen Oper jener Zeit der Vorhang schon vor oder erst nach der Ouvertüre aufgezogen wurde

In Abweichung vom französischen Vorbild ließ Händel in mehr als der Hälfte seiner Opern-Ouvertüren auf die dreiteilige Anlage des Pariser Prototyps weitere kurze Instrumentalsätze folgen, etwa eine „Gavotta", ein „Menuet" oder eine „Gigue", in einem Extremfall, der 1707 für Florenz komponierten Oper *Vincer se stesso è la maggior vittoria* (oft auch als *Rodrigo* bezeichnet) sogar nicht weniger als acht Tanzsätze. In einigen Fällen scheinen diese Tanzsätze bereits bei offenem Vorhang gespielt worden sein, Ouvertüre und erster Akt sind in den Quellen der jeweiligen Opern nicht immer eindeutig abgegrenzt. Ein charakteristisches Beispiel bietet *Arianna in Creta* (London 1734). In seiner Partiturhandschrift hat Händel das auf die französische Ouvertüre folgende Menuetto in D-Dur *nach* der Szenenanweisung für den ersten Akt aufgeschrieben. In den bei den Aufführungen verwendeten Abschriften und den meisten Druckausgaben scheint es aber noch zur Ouvertüre zu gehören. Offenbar hat es die Funktion einer Begleitmusik für das, was von der ersten Szenenanweisung gefordert wird: Am Strand von Kreta verlassen sieben Jünglinge und sieben Mädchen ein Schiff. Sie wurden von Athen auf die Insel gebracht, um dort Minotauros geopfert zu werden.

In *Giulio Cesare in Egitto* (London 1724) wird sich ein Menuett in A-Dur im Anschluss an die Ouvertüre in derselben Tonart als Eröffnungschor erweisen, doch überliefert keine Quelle, wann genau der Vorhang geöffnet wurde. Es ist reizvoll, davon auszugehen, dass Händel hier mit den Hörerwartungen seiner Zuhörer spielen wollte. Wenn der Vorhang erst kurz vor dem Ende des instrumentalen Ritornells dieses Menuetts aufgezogen worden sein sollte, hätte sich für das überraschte Publikum auf einmal die Fortsetzung der Ouvertüre als Beginn des Dramas erwiesen.

Wiederum andere Londoner Opern Händels beginnen mit Schlachtmusiken (zum Beispiel 1732 *Sosarme, re di Media*) oder Seestürmen. In *Riccardo primo, Re d'Inghilterra* (1727) malt das Orchester vor dem ersten Einsatz einer Singstimme in aller Breite die „Sicht aufs Meer mit gekenterten Schiffen und Felsen". Formal handelt es sich um die Eröffnung eines Accompagnato-Rezitativs, für das Publikum eher um einen eigenständigen Instrumentalsatz. Selbst wenn es in der Regel keine musikalischen Bezüge zwischen der eigentlichen französischen Ouvertüre und der Musik der Oper gibt, hat also Händel mit Instrumentalmusiken experimentiert, die im Extremfall eine pantomimische Aktion auf der Bühne begleiten, zumindest aber – ganz ähnlich wie schon 1681 bei Antonio Draghi – die Dekoration des Eröffnungsbilds mit einprägsamen Klängen untermalen.

Auch Johann Christoph Pepuschs Händel-Parodie *The Beggar's Opera* (London 1728) beginnt mit einer französischen Ouvertüre. Diese Eröffnungsmusik des zweiten Londoner Komponisten unserer Auswahl bezieht sich direkt auf das, was später in der Oper zu hören sein wird. Der schnelle Satz der Ouvertüre stellt in einem lockeren, frei imitatorischen Stil Zeile für Zeile eine Melodie aus einem traditionellen populären Song vor: Lucys Air „I'm like a Skiff, on the Ocean tost" im dritten Akt der Oper. So wird trotz des Rückgriffs auf die ehrwürdige französische Ouvertüre schon in der Eröffnungsmusik deutlich, wie in diesem Stück Erhabenes und Vulgäres durcheinandergewirbelt werden.

Eine eigentümliche Rolle spielte der Typus der französischen Ouvertüre schließlich auch bei Händels gleichaltrigem Kollegen Johann Sebastian Bach, und zwar nicht nur – wie bei vielen Zeitgenossen – als Eröffnungsstück in Orchester- und Klaviersuiten. Der Komponist aus Thüringen übernahm dieses Modell in die Gattung des Geistlichen Konzerts, also in das, was heute – in Abweichung von Bachs eigenem Sprachgebrauch – als „Kantate" bezeichnet wird. Der Eröffnungssatz des Konzerts BWV 61, das zum ersten Mal am Ersten Advent, am 2. Dezember 1714 im Gottesdienst in der Weimarer Schlosskirche zu hören war, ist als französische Ouvertüre gestaltet. In Abweichung von der Norm fügt Bach dem Orchestersatz vier Singstimmen hinzu, die den Luther-Choral „Nun komm der Heiden Heiland" singen. Metaphorisch geht es auch hier um die Entrée eines Herrschers: Jesus Christus betritt über die Kirche die Welt.

25 Jahre später überblendete Bach das Modell der französischen Ouvertüre mit der Gattung des Orgelpräludiums. Im dritten Teil der von ihm selbst verlegten *Clavier Übung* veröffentlichte er 1739 als repräsentativen Rahmen um insgesamt 21 Choralbearbeitungen und vier Duette herum ein Praeludium und eine Fuge in Es-Dur (BWV 552). Das Praeludium beginnt mit gravitätisch punktierten Rhythmen, wie sie für eine französische Ouvertüre charakteristisch sind. Überdies folgt Bach konsequent der von Lully eingeführten Fünfstimmigkeit. Im Gegensatz zum Pariser Modell beschließt eine unveränderte Wiederholung der eröffnenden 32 Takte das Praeludium. Und ebenfalls im Gegensatz zum Pariser Modell nimmt sich Bach manche Freiheiten in einem Mittelteil mit schnelleren Bewegungen. Obwohl dort der 4/4-Takt und das lebhafte Tempo beibehalten werden, verzichtet er dort auf einen konsequent fugierten Tonsatz. Zweimal kehrt in diesem Mittelteil sogar das fünfstimmige Satzmuster mit punktierten Rhythmen wieder. Auch hier ist die theologische Aussage eindeutig. Wiederum geht es um die Entrée des Herrschers der Christenheit. In der abschließenden Fuge wird zudem die Dreifaltigkeit der christlichen Doktrin symbolisiert, mit einer – ebenfalls fünfstimmigen – Tripelfuge, in der drei verschiedene Themen übereinandergeschichtet werden. Wenn man spitzfindigen Interpretationen Glauben schenken will, finden sich Bezüge auf die Trinität von Gott Vater, Sohn und Heiligem Geist auch schon in Bachs Praeludium in Form einer Ouvertüre.

Debatten in Berlin

Wie der Blick auf Händels Opern gezeigt hat, waren Bezüge zum Drama auf der Bühne noch in der ersten Hälfte des 18. Jahrhunderts, über hundert Jahre nach der Einführung der „Oper", seltene Ausnahmen – in der „Sinfonia" nach italienischer Manier wie in der französischen „Ouverture", in Italien und Frankreich wie in London, dem wichtigsten Zentrum italienischer Oper außerhalb des italienischen Sprachraums. Erst in den Jahren um 1750 sollte dann einiges in Bewegung kommen, wenn auch zunächst nur bei Komponisten, die im heutigen Musikleben kaum noch präsent sind – unter ihnen ist Jean-Philippe Rameau der einzige bekanntere Name. Vor einem Blick auf dessen Innovationen in Paris sei aber zunächst die Situation in Berlin genauer betrachtet. Im *Versuch einer Anweisung die Flöte traversiere zu spielen* von Johann Joachim Quantz lesen wir 1752 eine radikale Forderung:

> „Indessen sollte doch billig eine Sinfonie, wie oben schon gedacht worden, einigen Zusammenhang mit dem Inhalte der Oper, oder zum wenigsten mit dem ersten Auftritte derselben haben; und nicht allezeit mit einem lustigen Menuet, wie mehrentheils geschieht, schließen."[5]

Wie kommt aber ein Flötist am Hof Friedrichs II. in Preußen, der sich als subalterner Musiker nie mit der Komposition dramatischer Musik befasst hat, zu einer solchen Reflexion? Des Rätsels Lösung: Gewichtige Indizien sprechen dafür, dass Quantz einen ghost-writer beschäftigte. Sehr wahrscheinlich stammen diese Sätze nicht von ihm, sondern von Johann Friedrich Agricola, seit 1751 Kammermusiker am Berliner Hof.[6] Überdies waren die Argumente nicht neu; der damals in Holstein tätige Musikschriftsteller Johann Adolph Scheibe hatte schon 1739 – zumindest für das Sprechtheater – gefordert, „alle Symphonien, die zu einem Schauspiele verfertiget werden", sollten „sich überhaupt auf den Inhalt, oder auf die Beschaffenheit desselben beziehen".[7]

Wer war aber jener Agricola, der dem wenig schreibgewandten Quantz seine Feder geliehen hatte? Dieser Schüler Johann Sebastian Bachs hatte 1751 eine italienische Opernsängerin geheiratet: Emilia Molteni, die führende Sopranistin, also die „Primadonna" des Berliner Ensembles. Seit dem Herbst 1750 versuchte er sich auch selbst als Komponist italienischer Opernmusik. Entscheidend für die Diskussionen über Musiktheater im Umkreis des musikliebenden Königs dürften dabei weder Quantz noch Agricola gewesen sein, sondern ein Dritter: der aus Venedig stammende Francesco Algarotti.

Als Favorit (und wohl auch Liebhaber) des Königs hatte sich dieser bereits 1739 beim damaligen Kronprinzen in Rheinsberg aufgehalten. Der aus reichem Hause stammende Höfling wurde von Friedrich im nächsten Jahr, gleich nach dem Tode seines tyrannischen Vaters, nach Berlin gerufen. Er begleitete den neuen Monarchen zur Krönung nach Königsberg in Ostpreußen (heute Kaliningrad in der Russländischen Föderation) und hielt sich von 1740 bis 1742 sowie erneut von 1747 bis 1753 im engsten Umkreis des Königs auf.

Öffentlich sollte sich Algarotti erst nach dem Ende seiner preußischen Zeit zum Musiktheater äußern. Dabei liest sich das, was der – wie Friedrich – 1712 geborene Schriftsteller 1755 in Venedig drucken ließ, wie eine Variation der Argumente in Quantzens Flötenschule:

> „Die Ouvertüre, oder die Eröffnung der Oper, immer aus einem langsamen und zwei schnellen Sätzen zusammengestellt, ähnelt jenen Einleitungen mediokrer Schriftsteller, die sich angesichts der Höhe des Gegenstands und der Geringfügigkeit ihrer eigenen Begabung winden, und die gleichermaßen vor jeder beliebigen Rede stehen könnten. Dabei müsste die Ouvertüre integrierender Teil des Dramas sein, wie eben die Einleitung der Rede; insofern sie den Zuhörer vorbereiten sollte, jene Affekteindrücke aufzunehmen, die aus dem Ganzen desselben Dramas resultieren. Daher hat der Charakter einer Ouvertüre, die uns darauf einstimmt, den Tod der Dido zu sehen, anders zu sein als eine, die uns darauf einstimmt, die Hochzeit der Thetis und des Peleus zu sehen."[8]

Acht Jahre später, bei der Überarbeitung seiner Schrift, verschärfte Algarotti nochmals den polemischen Ton:

> „Doch heutzutage wird die Ouvertüre als eine in jeder Hinsicht vom Drama getrennte und unterschiedene Sache betrachtet, wie ein, sagen wir es so, Herausposaunen, mit dem im Vorhinein die Ohren des Publikums gefüllt und betäubt werden sollen."[9]

Angesichts solcher Bekundungen verblüfft die Entfernung zwischen Theorie und Praxis am Berliner Hof. Zwar experimentierte auch ein Agricola mit neuen Lösungen: Nach der Komposition kleiner Intermezzi (naturgemäß ohne Ouvertüren) trat er im Karneval 1754 mit seiner ersten abendfüllenden Oper vor das Berliner Publikum. Seine *Cleofide* wird von einer nur einsätzigen Sinfonia eröffnet, die überdies auf der fünften Stufe mit einem Halbschluss abbricht. In diesen halben Schlussakkord hinein singt Poro die ersten Worte („Fermatevi") in einem Accompagnato-Rezitativ. Trotz der Verwischung der Schnittstelle zum Drama auf der Bühne ist dabei ein inhaltlicher Zusammenhang zwischen Eröffnungsmusik und Oper ebenso wenig auszumachen wie in den Ouvertüren des wichtigsten Berliner Opernkomponisten jener Jahre.

Der an der Dresdner Kreuzschule ausgebildete Carl Heinrich Graun hatte zwischen 1741 und 1756 nicht weniger als 27 italienische Opern für den preußischen Hof komponiert. Von besonderer Bedeutung war *Cesare e Cleopatra* für die feierliche Eröffnung der noch nicht ganz fertiggestellten Hofoper am 7. Dezember 1742 – des Vorgängerbaus der heutigen Staatsoper Unter den Linden. Zunächst wechselte Graun für seine Ouvertüren zwischen italienischem und französischem Modell. *Cesare e Cleopatra* beginnt mit einer französischen Ouvertüre, an die sich ein Allegro im 6/8-Takt anschließt. Nach *Lucio Papirio* (1744) komponierte Graun dann nur noch dreisätzige Ouvertüren nach italienischem Muster – mit einer Ausnahme: Die Sinfonia zu *Ezio* (1755) ist zwar in italienischer Art gehalten, besteht aber nur noch aus einem Satz. Auch in diesen Musikstücken ist an keiner Stelle ein Zusammenhang zum folgenden Drama zu erkennen.

Rameaus Experimente

Angesichts der vorherrschenden Praxis stellt sich die Frage, warum es um 1750 zur Mode wurde, die Schematik von Opern-Ouvertüren zu kritisieren. Wenige Jahre zuvor hatte sich ein einflussreicher Musikschriftsteller aus Hamburg noch zustimmend zur Norm der italienischen Sinfonia geäußert. Das überrascht, da Johann Mattheson gewiss nicht besonderer Sympathien für die „welsche" Musik verdächtigt werden kann. Das überrascht aber noch mehr, weil Mattheson 1737 eine Verbindung zwischen italienischer Ouvertüre und dem „Nachfolgenden" behauptet hatte:

> „Ihre vornehmste Eigenschafft bestehet darin, daß sie in einem kurtzen Begriff und Vorspiele eine kleine Abbildung desjenigen machen, was nachfolgen soll. Und da kan man leicht schliessen, daß, in solcher Symphonie, die Ausdrückung der Affecten sich nach denjenigen richten müsse, die im Wercke selbst hervorragen."[10]

Diese Schlussfolgerung kann nur als frommer Wunsch verstanden werden. Zu spürbaren Veränderungen sollte es im deutschen Sprachraum erst zwei Jahrzehnte später kommen. Zur gleichen Zeit war aber auch in Paris die Konvention der standardisierten Ouvertüre ins Rutschen geraten – dort natürlich diejenige nach französischer Art. Dabei verdankten sich ausgerechnet im diskussionsfreudigen Frankreich die entscheidenden Impulse nicht den Debatten über ästhetische Prämissen, sondern der Kreativität eines herausragenden Komponisten. Jean-Philippe Rameau war nach einer erfolgreichen Karriere als Kirchenmusiker – zunächst in seiner

Heimatstadt Dijon, dann in Lyon und Clermont-Ferrand – erst spät zur Oper gekommen. Als Vierzigjähriger hatte er sich in Paris niedergelassen, wo er mit der Veröffentlichung von Cembalomusik auf sich aufmerksam machte. Gleichzeitig komponierte er – spurlos verschwundene – Musik für das Jahrmarkt-Theater. Seine allererste „tragédie lyrique", *Hippolyte et Aricie* kam 1733 heraus; sechs Tage vor der Uraufführung am Königlichen Opernhaus hatte Rameau seinen 50. Geburtstag gefeiert.

Aus opernhistorischer Perspektive erscheint Rameau somit als Quereinsteiger. Die Vermutung liegt nahe, dass ihm deshalb die Befreiung aus dem Korsett von Konventionen leichter fiel als den Kollegen, die immer in einer Residenzstadt gelebt hatten und schon seit ihrer Jugend mit Theatermusik vertraut gewesen waren. Jedenfalls brach Rameau von Anfang an mit dem dreiteiligen Modell der französischen Ouvertüre. Die meisten seiner frühen Opern-Ouvertüren folgen einem verkürzten, nur noch zweiteiligen Formschema. Gleichzeitig verzichtete er regelmäßig auf charakteristische Muster der traditionellen Schablone wie den punktierten Rhythmus im ersten oder die fugierte Satztechnik im zweiten Teil.

In der Ouvertüre zu *Hippolyte et Aricie* weist der langsame Teil immerhin noch einige punktierte Rhythmen auf. Es sei dahingestellt, ob man – wie die neueste französische Forschung – in den aufwärtsgerichteten Dreiklangsbrechungen in d-Moll einen motivischen Bezug zu den ebenfalls aufwärtsgerichteten Dreiklangsbrechungen in D-Dur im Eröffnungschor der Nymphen sehen will. Jedenfalls rühmten schon die Zeitgenossen den spielerischen Umgang Rameaus mit dem Genre. Ein anonymer Kritiker der Balletoper *Les fêtes de Polymnie*, dem achten von Rameaus Bühnenwerken, schrieb 1745, er wolle sich „zunächst bei der bewundernswerten Ouvertüre am Beginn der Oper aufhalten". Denn es sei „besonders bemerkenswert, dass diese Ouvertüre in nichts den anderen Ouvertüren" ähnele,

> „die Herr Rameau bereits komponiert hat. [...] Dieses immer veränderte Vorgehen in einem so eng umgrenzten Genre, wo die Erfahrung hätte glauben lassen, dass es unvermeidlich wäre, sich zu wiederholen, ist das sicherste Zeichen des großen Genies und einer unerschöpflichen Einbildungskraft, der die Ressourcen nie fehlen."[11]

In seinem „ballet bouffon" *Platée* (Versailles 1745), seinem ersten komischen Bühnenwerk für den Hof, beginnt Rameau die Ouvertüre mit genau der Musik, die gegen Ende des zweiten Aktes wiederkehren wird:

als „symphonie extraordinaire" vor dem Auftritt der Folie, der Allegorie des Wahnsinns. Überdies lässt er diese Ouvertüre nach dem Prolog, also vor dem ersten Akt wiederholen. Am Ende der 1740er-Jahre, in zwei Opern mit den Titeln *Zaïs* (1748) und *Naïs* (1749), ging der experimentierfreudige Komponist nochmals einen wesentlichen Schritt weiter. In der ersten dieser beiden Opern, einem „ballet héroïque" um einen Genius der Lüfte, der sich als Schäfer verkleidet unter die Menschen mischt, heißt es im gedruckten Libretto: „Die Ouvertüre malt die Entwirrung des Chaos und den Aufprall der Elemente in dem Moment, wenn sie getrennt werden" (siehe Abb. 2). Damit schließt Rameau an den ersten Satz einer

Abb. 2 Die erste Seite des Korrekturabzugs der „partition réduite" von Rameaus *Zaïs* lässt deutlich erkennen, dass die Ouvertüre in den Jahren um 1750 zum Experimentierfeld geworden war. Einzelne Teile hat der Komponist nachträglich umgestellt, neue Passagen durch Aufkleber eingefügt

„simphonie nouvelle" seines Kollegen Jean-Féry Rebel an. Dieser hatte unter dem Titel *Les élemens* 1737 das „Cahos" [sic] musikalisch vergegenwärtigt: mit einer unerhörten Dissonanz im mehrfach wiederholten Eröffnungsakkord, einem Cluster mit allen sieben Tönen der d-Moll-Tonleiter. Rameau wählte dagegen zwölf Jahre später eine konsonante Eröffnung, zunächst mit einem Solo der Pauke auf *d*, dann mit fanfarenartigen D-Dur-Akkorden der Streicher. Diese Stabilität währt aber nur kurz. Bereits am Ende des fünften Taktes verlässt Rameau diese Tonart. Über h-Moll und Fis-Dur moduliert er nach Cis-Dur. Mit der enharmonischen Umdeutung zu Des-Dur setzen nervöse Skalenbewegungen ein, bevor eine weitere Modulation über f-Moll, C-Dur, e-Moll und H-Dur zurück nach D-Dur und zu einem Halbschluss auf der fünften Stufe A-Dur führt. Der nun einsetzende Formteil ist von Tonleiterbewegungen und einem rascheren Tempo geprägt, fugierte Elemente fehlen. Als einziger Bezug zur Konvention des zweiten Satzes einer französischen Ouvertüre bleibt der Dreiertakt.

Auch ein Jahr später in *Naïs* geht es – wie noch 1798 in Haydns Oratorium *Die Schöpfung* – um eine „creatio ex nihilo", hier allerdings nicht auf die Elemente der Natur bezogen, sondern auf den Kampf zwischen Titanen und Giganten. Sie widersetzen sich dem Frieden, der hier allegorisch zelebriert wird – die Oper war ein Auftragswerk anlässlich des Aachener Friedens, der dem Österreichischen Erbfolgekrieg ein Ende gesetzt hatte. So findet sich in den Druckausgaben von 1749 die Gattungsbezeichnung „opéra de paix", die erst später durch das neutralere „ballet héroïque" ersetzt wurde. Fünf Tage nach der Uraufführung von Rameaus Oper in Paris sollte in London derselbe Friedensschluss mit Händels bis heute populärer *Musick for the Royal Fireworks* zelebriert werden.

In *Naïs* bezieht sich die Ouvertüre auf den Prolog, nicht auf die anschließende Haupthandlung um eine Nymphe in der Titelrolle, die Neptun am Ende zur Ehefrau nehmen wird. Im gedruckten Libretto lesen wir: „Die Ouvertüre ist ein Kriegslärm, der die Schreie und die stürmischen Bewegungen der Titanen und der Giganten malt." Diese Charakterisierung gilt weniger dem kurzen Eröffnungsabschnitt mit nur neun (zu wiederholenden) Takten als dem zweiten Formteil im 3/2-Takt. Hier werden – meist synkopisch – Akkorde und Dreiklangsbrechungen aneinandergereiht, die zyklopenhaft, fast unförmig wirken: ein Abbild der Kämpfenden, das jeglicher Eleganz ermangelt. Mehr noch: Rameaus minimalistische Musik erweist sich als pantomimisch. Sie geht unmittelbar in den ersten Chor des Prologs über, in dem – zu genau derselben Musik – die Titanen und Giganten „auf der Bühne die Handlung ausführen, die sie singen".[12] Diese Anweisung in einer Partiturabschrift aus dem Jahre 1755 scheint Realsatire. Sie ist wohl als Vorsichtsmaßnahme gegen den Schlendrian zu verstehen, von dem viele Beobachter auch noch im 19. Jahrhundert berichten. Offensichtlich war es schon zu Rameaus Zeiten nicht einfach, Choristen dazu zu bringen, sich auf der Bühne zu bewegen.

Auch die im selben Jahr 1749 erstmals aufgeführte Oper *Zoroastre* beginnt mit einer Ouvertüre, für die das Libretto ein explizites Programm formuliert:

> „Die Ouvertüre dient als Prolog. Ihr erster Teil ist ein starkes und pathetisches Bild der barbarischen Herrschaft Abramanes und der Schmerzensschreie der Völker, die er unterdrückt. Eine liebliche Ruhe folgt darauf: Die Hoffnung lebt wieder auf. Der zweite Teil ist ein lebendiges und heiteres Bild der wohltätigen Herrschaft Zoroastres und des Glücks der Völker, die er aus der Unterdrückung befreit hat."

Rameau setzt hier eine instrumentale Einleitung an die Stelle des Prologs. Als eigenständiger Aufzug vor dem ersten Akt war ein allegorischer Prolog seit der Begründung der französischen Oper essenzieller Bestandteil einer Dramaturgie gewesen, in deren Fluchtpunkt die Herrschaft des „Sonnenkönigs" stand. Über ein halbes Jahrhundert nach Lully war diese Konvention offensichtlich in die Jahre gekommen. Allmählich sollte sie aus der französischen Oper verschwinden. In *Zoroastre* werden nun die bis anhin strikt getrennten Funktionen des Prologs und der Ouvertüre erstmals miteinander verknüpft. Damit setzt Rameau einen neuen Standard – ähnliche Beispiele einer solchen Mischung aus späteren Epochen werden uns noch beschäftigen. Trotz ihres sehr präzisen Programms bleibt Rameaus Ouvertüre zu dieser Oper dennoch weitgehend der Gattung entsprechend. Der erste Teil der Ouvertüre in d-Moll prägt im Unisono grimmige Akzente aus. Als Überrest der Tradition sind noch einige punktierte Rhythmen zu erkennen. Der zweite, graziöse Teil steht dann in D-Dur. Auf einen ersten Abschnitt im 3/4-Takt folgt eine galante Musik im 2/4-Takt, die immer wieder in Unisoni mündet, die Glücksgefühle der von Zoroastre regierten Völker vorwegnehmend.

Pierre-Jean-Baptiste Nougaret hatte also gute Gründe, wenn er fünf Jahre nach Rameaus Tod festhalten sollte, „alle Ouvertüren dieses unsterblichen Musikers" hätten „eine vollkommene Beziehung zu den Dichtungen, für die sie gemacht sind". Aus dieser Feststellung folgt für den vielseitigen Schriftsteller ganz selbstverständlich eine unerhörte ästhetische Maxime:

> „Man will also, dass die Ouvertüre eine rechte Idee von der Art der Handlung gibt, die der Gegenstand der Operndichtung ist, und dass sie mit viel Sorgfalt gearbeitet sein möge; man wünscht dort Ausdruck, Genie zu finden und nicht hohlen Lärm."[13]

Überdruss an der Schablone

Bei einem nüchternen Blick auf die damalige kompositorische Praxis gab es sehr gute Gründe, die französischen wie die italienischen Stereotype für ungeeignet zu halten, um eine „Idee von der Art der" folgenden „Handlung" zu vermitteln. Als man einmal der allzu offensichtlichen und überreizten Schablone überdrüssig geworden war, lag es also trotz des Erfolgs der zugehörigen Opern nahe, die überkommenen Ouvertüren als oberflächlich, gar industriell wahrzunehmen, die italienische Sinfonia vielleicht sogar noch mehr als das französische Modell.

Dennoch sollten in den deutschsprachigen Ländern nochmals fast zwei Jahrzehnte verstreichen, bevor einflussreiche Komponisten mit neuen Lösungen experimentierten. Christoph Willibald Gluck stellte dem 1769 in Wien erschienenen Partiturdruck seiner *Alceste* ein Vorwort voran, in dem er ausdrücklich auf die Eröffnungsmusik einging: „Ich habe mir vorgestellt, dass die Ouvertüre die Zuschauer auf die Handlung vorbereiten sollte, dass sie diese darzustellen hat und, um es so zu sagen, den Vorwurf nachformen."

Die einsätzige Ouvertüre in d-Moll mit dem gewollt anachronistischen Titel „Intrada" macht die Probe aufs Exempel. Mit der Tonart d-Moll, einem von drei Posaunen verdüsterten Orchesterklang und der abwärts gerichteten Dreiklangsfigur in den Bässen wird bereits in den ersten Takten deutlich, dass diese Partitur im Zeichen des Todes steht. Nachdem das Orchester-Tutti die eröffnende Geste wiederholt hat, entwickeln die Violinen eine chromatische Linie in Abwärtsbewegung. Die eklatanten dynamischen Kontraste, vor allem aber die Wiederkehr der Eröffnungstakte mitten im Satz machen deutlich, dass es Gluck nicht um eine abstrakte Form geht, sondern um Drama, ein Drama auf Leben und Tod. So endet diese Ouvertüre auch nicht mit dem Orgelpunkt auf der Dominante, den Gluck in aller Breite zelebriert. Mit einer erregten Figur der Violinen führt sie stattdessen direkt in die Bühnenhandlung. Nach (immerhin) 129 Takten hören wir eine kurze Trompetenfanfare in D-Dur und die Mitteilung des „Banditore", dass Admeto, der König von Pherai im nordwestlich von Athen gelegenen Thessalien, im Sterben liegt.[14]

Auch wenn *Alceste* heutzutage kaum noch gespielt wird, hatte Glucks Experiment für die Musikgeschichtsschreibung weitreichende Konsequenzen, die bis heute weiterwirken. Das Werk gehörte zu den wenigen nicht-französischen Opern aus dem 18. Jahrhundert, deren Musik im Druck erschienen war. Sie war also bereits den Pionieren der modernen Musikwissenschaft am Ende des 19. Jahrhunderts leicht zugänglich. In seinem Vorwort hatte der Komponist selbst auf den Bruch mit der Konvention hingewiesen und diesen mit Worten erklärt, die spätere Forscher nur noch zitieren mussten: Gluck war ein Meister des Self-Marketings. Obwohl die Oper in italienischer Sprache komponiert worden war, konnte sie außerdem der „deutschen" Musikgeschichte zugewiesen werden, mit einem zwar international orientierten, aber unzweifelhaft im deutschen Sprachraum (in der Oberpfalz) geborenen Komponisten und dem Uraufführungsort Wien.

Nachweise der Zitate

1. Stefan KUNZE, *Die Sinfonie im 18. Jahrhundert* (Handbuch der musikalischen Gattungen, 1), Laaber: Laaber 1993, S. 19.
2. Brief Verdis an Francesco Maria Piave, zitiert nach: Franco ABBIATI, *Giuseppe Verdi*, Milano: Ricordi 1959, Band II, S. 64.
3. KUNZE, *Die Sinfonie im 18. Jahrhundert* (wie Anm. 1), S. 33 f.
4. Ebd., S. 41 und 47.
5. Johann Joachim QUANTZ, *Versuch einer Anweisung die Flöte traversiere zu spielen*, Berlin: Voß 1752, S. 301.
6. Vgl. Beverly JEROLD, *Quantz and Agricola: a literary collaboration*, in: *Acta musicologica* 88 (2016), S. 127–142.
7. Johann Adolph SCHEIBE, *Critischer Musikus. Neue, vermehrte und verbesserte Auflage*, Leipzig: Breitkopf 1745, S. 614 (67. Stück vom 8. Dezember 1739).
8. [Francesco ALGAROTTI], *Saggio sopra l'opera in musica*, Venezia: Pasquali ²1755, S. 13 f.
9. Francesco ALGAROTTI, *Saggio sopra l'opera in musica*, Livorno: Coltellini ⁴1763, S. 26 f.
10. [Johann] MATTHESON, *Kern melodischer Wissenschafft, bestehend in den auserlesensten Haupt- und Grund-Lehren der musicalischen Setz-Kunst oder Composition, als ein Vorläuffer des Vollkommenen Capellmeisters*, Hamburg: Herold 1737, S. 125.

11. [Anonym], *Spectacles*, in: *Mercure de France* vom Oktober 1745, S. 136–156; hier S. 138 f.
12. Vgl. Jean-Philippe RAMEAU, *Naïs. Opéra en un prologue et trois actes*, hrsg. von Pascal DENÉCHEAU (Rameau, Opera omnia, IV/18), Kassel: Bärenreiter 2017, S. 17, wo diese Abschrift Jean-Pierre Mapatou, dit Dumas zugeschrieben wird.
13. [Pierre-Jean-Baptiste NOUGARET], *De l'art du théâtre en général*, Band II, Paris: Cailleau 1769, S. 343.
14. Vgl. hierzu ausführlich Arne STOLLBERG, *Tönend bewegte Dramen. Die Idee des Tragischen in der Orchestermusik vom späten 18. bis zum frühen 20. Jahrhundert*, München: edition: text + kritik 2014, S. 216–232.

Experimente in der Zeit der „Aufklärung"

Mozart, Salieri und Haydn

Überdies gab es – nicht nur in der nationalistischen Stimmung vor und nach 1900 – gute Gründe, Glucks Experiment in *Alceste* als unmittelbares Vorbild für den bis heute meistgespielten Opernkomponisten des 18. Jahrhunderts in Anspruch zu nehmen. Denn auch Mozarts Ouvertüre zu *Don Giovanni* (Prag 1787) beginnt in der Tonart d-Moll mit einem von drei Posaunen verdüsterten Orchesterklang und synkopisch gegen den Takt gesetzten Akkorden, wie sie in Glucks „Intrada" dann im weiteren Verlauf begegnen. In der kurzen langsamen Einleitung lässt Mozart eine Schlüsselstelle aus der eigentlichen Opernpartitur aufblitzen. Die furchteinflößenden d-Moll-Akkorde kehren zur Höllenfahrt des Titelhelden kurz vor dem Ende des letzten Aktes wieder. Ganz ähnlich nimmt Mozart in *Così fan tutte* (Wien 1790) das Motto des Titels als „Moral von der Geschicht'" instrumental schon in den ersten Takten der Sinfonia vorweg, lange bevor es in der drittletzten Szene der Oper von den drei männlichen Hauptfiguren angestimmt werden wird. Bei einem Blick auf andere Opern Glucks und seiner Wiener Zeitgenossen zeigt sich, dass der sehr enge Zusammenhang zwischen der Bühnenhandlung und der Struktur einer für das Theater geschriebenen Ouvertüre eine seltene Ausnahme blieb. Die überkommene dekorative Funktion der Sinfonia blieb auch in der Habsburg-Monarchie noch bis zum Beginn des 19. Jahrhunderts die Regel.

Immerhin hatte dreieinhalb Jahre nach der Uraufführung von *Alceste* Antonio Salieri das Experiment Glucks aufgegriffen. Für seine Oper *Armida* (Wien 1771) sah er eine „Sinfonia in Pantomima" vor, so der – sehr wahrscheinlich später von ihm ergänzte – Titel in seiner Partiturhandschrift (siehe Abb. 1). Ob der gerade erst zwanzigjährige Komponist von Rameaus Experimenten erfahren hatte? Wir wissen es nicht. Jedenfalls dürfte er mit Algarottis Überlegungen konfrontiert worden sein, die sein Textdichter Marco Coltellini in Livorno verlegt hatte. Überdies platzierte Coltellini im gedruckten Libretto ein Vorwort, das nicht – wie sonst an dieser Stelle üblich – auf die Stoffquelle oder die Vorgeschichte der Handlung einging, sondern auf die Eigenart dieser Ouvertüre eines Berufsanfängers hinwies: „In der Simphonie zu dieser Oper hat man in der Musik dasjenige auszudrücken versucht, was unmittelbar vor dem Augenblicke vorher gehen muß, wo die Handlung derselben beginnt [...]".[1]

Abb. 1 Bereits auf der ersten Seite seiner handschriftlichen Partitur von *Armida* hat Salieri eine Szenenanweisung für die geplante pantomimische Aktion notiert: „Arrivo d'Ubaldo sull'isola d'Armida fra la densa tenebrosa ne[b]bia" („Ankunft Ubaldos auf Armidas Insel inmitten des dichten düsteren Nebels"). In der Titelzeile hat er – wahrscheinlich erst bei einer späteren Sichtung seiner Manuskripte – den ungewöhnlichen Titel „Sinfonia in Pantomima" ergänzt

Salieris Ouvertüre beginnt mit einer langsamen Einleitung in c-Moll, um dann für ein Allegro und ein Presto in die festliche Tonart C-Dur zu wechseln. Mit einem Andantino grazioso in derselben Tonart scheint der langsame Satz dem dreisätzigen italienischen Modell zu folgen. Doch nach nur 17 Takten setzt mit einem Menuett in F-Dur der Eröffnungschor der Nymphen ein. An insgesamt acht Stellen des ersten Satzes der Ouvertüre hat Salieri in seiner Partiturhandschrift detaillierte Szenenanweisungen für die Pantomime eingetragen, von Ubaldos Erscheinen auf der Bühne bis zum mehrmaligen Auftritt der von Armida entfesselten Ungeheuer.

Wie aus späteren Notizen des Komponisten auf den Vorsatzblättern dieser Handschrift hervorgeht, wurde diese Aktion aber 1771 in Wien gerade nicht auf der Bühne gezeigt. Salieri schreibt, das „antisoggetto", also der „Vorspann", sei „nur vom Orchester ausgeführt worden", habe jedoch aufgrund der Informationen im Libretto großen Anklang beim „aufmerksamen" Publikum gefunden.

Die zurückhaltende Rhetorik in Coltellinis Vorrede hatte sich somit als entbehrliche Vorsichtsmaßnahme erwiesen. Sie lohnt trotzdem die genauere Lektüre, weil sie diese pantomimische Ouvertüre mit polemischer Schärfe vom vorherrschenden Schlendrian abgrenzt:

> „Ist die Musik wirklich im Stande, diese Bilder deiner Seele darzustellen; so ermuntert das den Muth des Componisten mit verdientem Ruhme. Entspricht die Wirkung nicht der Absicht; so nimm wenigstens mit dem guten Willen vorlieb; entschuldige ihn mit der Schwierigkeit eines solchen Unternehmens, und stelle diese Simphonie zu den vielen andern hin, die schlechterdings nichts bedeuten."[2]

Eine weitere Ausnahme von „den vielen anderen Simphonien" findet sich ebenfalls Anfang der 1770er-Jahre bei Joseph Haydn. Eine seiner Schauspielmusiken sollte schon zu seinen Lebzeiten als Konzert-Sinfonie erfolgreich werden. Dabei hatte der Komponist diese Musik gerade nicht für den Konzertsaal konzipiert. Die insgesamt sechs Sätze stehen vielmehr für die einsätzige Sinfonia zur Eröffnung, vier Zwischenaktmusiken sowie ein Nachspiel zu einem aus dem Französischen übersetzten Schauspiel Jean-François Regnards. *Der Zerstreute* wurde zunächst im Frühsommer 1774 bei Haydns Dienstherrn in der ungarischen Puszta, im Schloss Eszterháza gespielt, am 22. November desselben Jahres dann auch vor zahlendem Publikum im nahegelegenen Preßburg (heute Bratislava in der Slowakei).

Der Eröffnungssatz der später als Nr. 60 gezählten Sinfonie beginnt mit einer pompösen Adagio-Einleitung, die sich durch keinen besonderen kompositorischen Ehrgeiz auszeichnet. In den 24 Takten beschränkt sich Haydn auf die Grundharmonien der ersten, vierten und fünften Stufe, darüber hinaus begegnet nur ein flüchtiger doppeldominantischer Akkord. Im anschließenden Allegro di molto zeigt sich, dass solcher Mangel an Erfindung auf Vorsatz beruht. Der Hauptsatz in C-Dur ist von nervösen Staccato-Gesten im Tonraum der Quinte geprägt. Auch im Seitensatz in G-Dur beschränkt sich die Melodik auf diatonische Bewegungen im Quintraum, diesmal im Legato. Auf der sechsten Stufe *e* scheinen die ersten Geigen ein klar umrissenes Thema einzuführen, doch bald muss sich der Hörer fragen, ob er sich nicht getäuscht hat. Der Ansatz einer Melodie bleibt auf einem immergleichen Subdominantakkord stecken, zwölf Takte lang. Die Komposition scheint in ihrem Fortgang blockiert, die im fünften Takt platzierte Ausführungsanweisung „perdendosi" („sich verlierend") spricht Bände. Der Komponist scheint zu zerstreut, um eine eigentliche Melodie zu finden. Auf der Suche nach geeigneten Tönen verliert er sich, ganz ähnlich wie die Hauptfigur der anschließenden Komödie, die es fertigbringen wird, einen Liebesbrief an die falsche Frau abzusenden.

Im letzten Satz, der Schlussmusik, die nach dem fünften und letzten Akt des Schauspiels gespielt wurde, führt Haydn seinen Spaß noch weiter. Im Prestissimo trumpft er mit leeren Gesten auf, die nach regulären sechzehn Takten die erwartete harmonische Öffnung zur fünften Stufe der Grundtonart besiegeln. Nach zwei Pausentakten folgt gerade nicht das hier obligatorische und sehnlichst erwartete Seitenthema. Vielmehr traktieren die vereinten Violinen in Doppelgriffen ihre leeren Saiten, zunächst *e* und *a*, dann *a* und *d*, schließlich *d* und... *f*. Die allgegenwärtige Zerstreutheit hat sich sogar auf die Instrumentalmusiker übertragen. Sie hatten die tiefste Saite ihres Instruments, die G-Saite, einen ganzen Ton zu tief gestimmt. Mitten im Satz verlangt Haydn die Korrektur der Stimmung von *f* auf *g* und lässt anschließend die leeren Gesten des Satzbeginns wiederholen.

UNWETTERSZENEN

Musikalische Dramen beginnen im 18. Jahrhundert häufig mit einem Sturm, gar einem heftigen Gewitter. Für das vermutlich früheste Beispiel nach dem bereits erwähnten „windigen" Ballett Draghis aus dem Jahre 1681 müssen wir den Blick wieder auf Rameaus Paris richten. Dort wurde

1755 ebenfalls eine Ballettoper aufgeführt: der Einakter *Deucalion et Pirrha* mit Musik von François-Joseph Giraud und Pierre-Montan Berton. Im Libretto heißt es: „Die Bühne stellt die Folgen eines Unwetters dar, das noch andauert. Man hört den dumpfen und turbulenten Lärm der Windböen und des Donners, man sieht Bäume und verschiedene Ruinen, die von Sturzbächen mitgerissen werden." Die einsätzige Ouvertüre in d-Moll malt diese Katastrophe mit Tonleiterbewegungen und Tonwiederholungen in Doppelgriffen der Violinen, immer in nervösen Sechzehnteln. Zweifellos sollte sie bei geöffnetem Vorhang gespielt werden. Mit dem Auftritt der Vénus moduliert das Orchester von d-Moll nach F-Dur. Die Göttin der Liebe fleht darum, „die Ruhe zwischen den Elementen möge wieder einkehren".

Zu einer festen Konvention wurde eine derartige Eröffnung in Opern um die sagenhafte Iphigenie. So schrieb Gian Francesco de Majo für seine *Ifigenia in Tauride* (Mannheim 1764) ausdrücklich vor, die Sinfonia bei offenem Vorhang zu spielen. Zu sehen ist ein heftiges Gewitter und ein Schiffbruch. Verlangt war also neben Großeinsatz der Bühnenmaschinerie auch deskriptive Musik:

> „Der Vorhang öffnet sich sofort mit dem Beginn der Sinfonia, welche den Lärm eines entsetzlichen, wütenden Seesturms ausdrückt. Der Himmel voller sehr dunkler Wolken: Regen, Hagel, Donner, Blitze. Das Meer ist turbulent und aufgewühlt von stürmischen Winden, welche die Bäume des nahen Waldes schütteln, biegen und entwurzeln. In der Ferne erscheint ein leck geschlagenes, auseinandergebrochenes Schiff."

Gleichwohl respektiert der aus Neapel stammende De Majo in dieser Auftragsarbeit für den kurpfälzischen Hof die Konvention einer dreisätzigen Sinfonia nach italienischem Muster: Auf ein Allegro con brio in Es-Dur folgen ein langsamer Satz in G-Dur und ein Allegro in Es-Dur. Dabei sind die drei Sätze mit Modulationen aneinander gekettet, können also nicht mehr isoliert voneinander verstanden werden.

Auf dasselbe Libretto von Mattia Verazi sollte einige Jahre später auch Nicolò Jommelli eine Oper komponieren, für das damals bedeutendste Opernhaus auf der italienischen Halbinsel, das Teatro San Carlo in Neapel. Seine am 30. Mai 1771 uraufgeführte *Ifigenia in Tauride* beginnt ebenfalls mit einer Musik bei geöffnetem Vorhang. Auch seine dreisätzige Sinfonia kettet die drei knappen Sätze durch modulierende Übergänge aneinander. Die Szenenanweisung im gedruckten Libretto entspricht wörtlich dem Mannheimer Textbuch. Und wie in Mannheim beginnt auch in Neapel die eigentliche Oper dann mit einem einfachen Rezitativ. Ifigenia fordert Oreste auf: „Stranier, cedi al tuo fato!" („Fremder, finde Dich mit Deinem Schicksal ab!")

Von den vielen Opern über dieses Sujet ist heute nur noch Glucks französischsprachige Vertonung präsent, die 1779 an der Pariser Opéra Premiere hatte. Im Vergleich zu De Majo und Jommelli kann man erkennen, wie viel kreativer der international erfahrene Komponist mit der gerade verfestigten Konvention umging. Auch er lässt das Orchester einen Sturm malen. Dabei übernimmt er fast wörtlich die Musik einer älteren Ouvertüre: derjenigen zu seiner ebenfalls französischsprachigen Oper *L'île de Merlin*, die er 1758 vor dem Kaiserlichen Hof im Schlosstheater von Schönbrunn bei Wien hatte aufführen lassen. Doch hat Gluck bei diesem Recycling die Satzfolge vertauscht – ein genialer Einfall! In *Iphigénie en Tauride* hören wir zuerst einen anmutigen Dur-Satz im 3/8-Takt, der hier nicht die Ruhe nach dem Sturm zum Ausdruck bringt, sondern diejenige davor. Erst danach wird das Wüten des Unwetters entfesselt. Vor allem aber integriert Gluck diesen zweiten Satz seiner Instrumentalkomposition in die eigentliche Handlung. Mitten im Gewitter geht der Vorhang auf. Der erste Auftritt der Titelheldin, ein verzweifelter Aufschrei mit einer schrillen Dissonanz lässt ahnen, welcher Sturm auch in ihrem Herzen tobt. Diese Dissonanz verdeutlicht Gluck überdies mit strukturellen Mitteln: Ihre ersten Noten sind nicht autonomes Solo, sondern nachträglich in die Struktur des peitschenden Orchestersatzes hineinmontiert.

Die Idee, den Tumult der Emotionen am Anfang einer Oper mit dem Tumult der Elemente kurzzuschließen, verdankte sich Denkfiguren der sogenannten „Aufklärung". Der Schrecken gehört zur Natur, einer nicht domestizierten Natur, die sich rationalistischer Normierung entzieht. Aus dieser Perspektive musste er nicht mehr als Abweichung von einer präexistenten Harmonie eingeführt werden. In verschiedenen Möglichkeiten, den Gegensatz von Ruhe und Sturm zu gestalten, scheint das Nebeneinander älterer ästhetischer Konzepte und eines neuen Bewusstseins für „vermischte Empfindungen" auf. In der von Moses Mendelssohn in Berlin 1755 publizierten philosophischen Schrift mit diesem Titel traten ambivalente Reaktionen des Betrachters (siehe Abb. 2) an die Stelle klar differenzierter und eindeutiger Affekte – ein neuer Blick auf die Emotionen, der wenig später auch in Paris übernommen werden sollte. Erstmals konnte sogar der höchste Grad des Entsetzlichen wie eine Naturkatastrophe als Quelle des Erhabenen und insofern als erregende Empfindung begriffen werden.

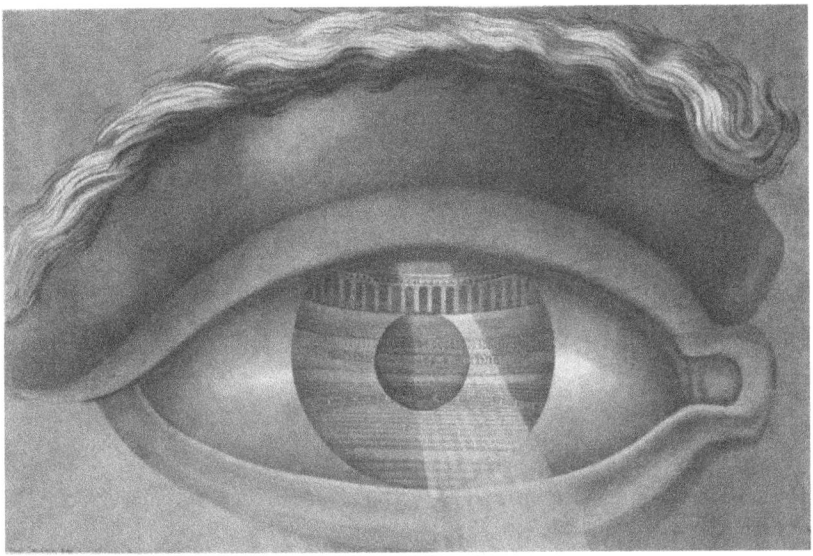

Abb. 2 Der Gott des Geschmacks wird von dem Architekten Charles-Nicolas Ledoux bemüht, als er ein Projekt verteidigt, das mit dem traditionellen Logentheater bricht: das von ihm konzipierte Theater von Besançon (1784). In der Abstraktion, die er 1804 in seinem Architektur-Lehrbuch veröffentlichte, findet sich das Auge des Betrachters gleichsam auf der Bühne gespiegelt

Solche Ambivalenzen werden in Eröffnungsszenen deutlich, die in Paris bereits vor Glucks *Iphigénie en Tauride* erprobt worden waren. So heißt es im Libretto zu André Grétrys *Le jugement de Midas* aus dem Jahre 1778, also ein Jahr vor Glucks Oper: „Die Ouvertüre, die erst beginnt, wenn der Vorhang sich öffnet, ahmt den schweigenden Lärm [!] nach, der die Morgendämmerung ankündigt; unmerklich nimmt sie den Charakter eines Gewitters an." Allerdings blieb Grétry hier weit hinter den gerade besprochenen Beispielen zurück. Denn der instrumentale Part der Ouvertüre ist – trotz geöffnetem Vorhang – klar vom vokalen Part der eigentlichen Bühnenhandlung abgetrennt. In *Le jugement de Midas* folgt die erste musikalische Nummer, eine Arie Apollons, erst nach einem langatmigen Prosa-Monolog derselben Figur. In *Zémire et Azor*, einer „comédie-ballet" Grétrys aus dem Jahre 1771, malt der dritte Satz einer regulären dreisätzigen italienischen Sinfonia ein Gewitter: „Der Donner und die Winde sind vor allem zu den Forte-Akkorden zu hören". Aber auch hier beginnt das eigentliche Drama mit gesprochenen Worten – nach einem Halbschluss des Orchesters auf der fünften Stufe. Und auch wenn es nicht ausdrücklich vorgeschrieben ist, soll der Vorhang offensichtlich erst nach der Ouvertüre aufgezogen werden. Der eröffnende, gesprochene Wortwechsel zwischen Sander und Ali unterbricht überdies den musikalischen Zusammenhang. Denn für die erste musikalische Nummer, Alis große Arie „L'orage va cesser", schreibt Grétry ausdrücklich vor, bei den Forte-Akkorden solle man noch „den Donner hören".

Auf die Überwältigung des Publikums durch den Nervenkitzel des Schreckens auf der Bühne zielt dann eine damals sehr erfolgreiche französische opéra-comique aus dem Jahre 1792. Der Komponist François Devienne gestaltete die Ouvertüre zu *Les visitandines* so, dass sie „ein Gewitter ankündigt". Zwar beginnt der Satz mit einem Andante im lieblichen 3/4-Takt und der heiteren Tonart D-Dur, doch im Anschluss tobt in d-Moll ein Gewitter. Danach geht diese Sturmmusik unmittelbar in den ersten Chor über. Die im Titel genannten Ordensschwestern bitten darum, das Unwetter möge ihren Konvent verschonen. Offensichtlich ist der Chor der symphonischen Struktur der Orchestermusik untergeordnet. Obwohl in fast zwei Dritteln des relativ langen Allegro assai verschiedene Frauenstimmen singen, handelt es sich gleichsam um eine Fortsetzung der Ouvertüre mit anderen Mitteln. Wie schon in Girauds und Bertons Ballett aus dem Jahre 1755 impliziert die Szenenanweisung, dass die Ouvertüre bei offenem Vorhang gespielt werden soll: In finsterer Nacht soll nur das Eingangstor des Klosters erkennbar sein.

In ähnlicher Weise setzen auch noch Bellinis *Il pirata* (Mailand 1827) und Verdis *Otello* (Mailand 1887) mit einem Seesturm ein. Im ersten Beispiel wird – in einer regulären mehrsätzigen Ouvertüre – die Rückkehr eines Seeräubers in seine sizilianische Heimat vorbereitet, im zweiten ohne jedes Orchestervorspiel (der Vorhang öffnet sich bereits im vierten Takt, also nach fünf Sekunden, und zwar „subito", „plötzlich") die Landung des Oberbefehlshabers der venezianischen Kriegsmarine in Zypern nach einer siegreichen Seeschlacht. Als weitere Beispiele wären Wagners *Die Walküre* oder auch *Gunard* des aus Böhmen stammenden Komponisten Julius Laubner (eigentlich Bochníček) anzufügen, die beide mit einem Gewitter im Vorspiel einsetzen. Die Musik von Laubners 1896 in Stettin uraufgeführter Oper ist offenbar nie im Druck erschienen,[3] kann aber als Indiz für die „longue durée" eines der „Aufklärung" verpflichteten Konzepts begriffen werden: das angenehme Schaudern angesichts wütender Naturgewalten.

Pantomimen

Die betrachteten Experimente mit Unwetterszenen gleichsam auf der Schwelle von Ouvertüre und Bühnenhandlung zeigen überdies eine neue Freiheit in der Koordination visueller und akustischer Reize. Wie wir gesehen haben, war es in der zweiten Hälfte des 18. Jahrhunderts gar nicht so selten, bereits vor dem Ende der Ouvertüre oder gar schon an deren Beginn den Vorhang zu öffnen. So forderte auch Jean-Paul-Égide Martini für seine opéra-comique *Le droit du seigneur* (1783), der Vorhang solle sich vor dem Einsetzen der Ouvertüre heben. Ausführlich beschreibt die Szenenanweisung die Pantomime, die auf der Bühne gezeigt werden soll, zur Musik zunächst eines Andantino und dann eines Moderato, das bruchlos in den ersten Chor übergeht: „Dieses Tableau beginnt mit der Ouvertüre, und alle Figuren müssen bis zum Beginn des Gesangs in Bewegung bleiben. Die Ouvertüre malt das Erwachen der Natur."

Ganz ähnlich wie dieser aus der Nähe von Nürnberg stammende Komponist, den es nach Paris verschlagen hatte, schrieb knapp drei Jahre danach auch Nicolas Dalayrac Musik für eine bei geöffnetem Vorhang zu spielende Ouvertüre. In *Azémia, ou Le nouveau Robinson* – wie Martinis *Le droit du seigneur* zunächst in Fontainebleau, dann an der Opéra-Comique in Paris zu sehen – begleitet die Ouvertüre eine pantomimische Aktion auf der Bühne, wiederum in einem Naturbild, diesmal auf einer „einsamen und unbekannten Insel", die nur von einigen Engländern bewohnt wird.

> „Bei den ersten Takten der Ouvertüre geht der Vorhang auf; eine ruhige Musik muss die Stille und die Einsamkeit dieses Ortes bezeichnen. Wenige Augenblicke später sieht man auf dem Meer mehrere Boote der Wilden, die an Land gehen, sich in Gruppen aufstellen und pantomimische Tänze ausführen."

Ein Gewehrschuss des Engländers genügt, um die Indigenen in die Flucht zu treiben. Die Konflikte zwischen den Europäern und den „Wilden" werden in dieser Oper nur angedeutet, auch wenn Dalayrac seine Ouvertüre mit einigen Anklängen an Rameaus *Les Indes galantes* der französischen Tradition des Exotismus eingeschrieben hat. Für die instrumentale Eröffnungsmusik spielt die Konstruktion fremdartiger Melodien keine wesentliche Rolle. Entscheidend ist vielmehr die Spannung zwischen friedlicher Idylle, wie sie nicht zuletzt der 1784 neugestaltete Vorhang exponiert (siehe Abb. 3), und einer kriegerischen Aktion, auch wenn diese auf einen Schreckschuss beschränkt bleibt.

Abb. 3 In einem kleinformatigen Aquarell hat der Architekt Charles de Wailly 1784 einen Vorhang für die Pariser Opéra-Comique skizziert – zwei Jahre, nachdem das von ihm gemeinsam mit Marie-Joseph Peyre entworfene Théâtre de l'Odéon in Paris eröffnet worden war. In der Bildunterschrift erklärt der auch als Maler erfolgreiche Künstler das Programm seiner Zeichnung in den kleinsten Details: Der Gott des Geschmacks ist von verschiedenen Musen umgeben. Doch auch Harlekin als Repräsentant der Tradition der „commedia dell'arte" findet sich in der Entourage der Gottheit

Kriegslärm

Nicht nur durch einen isolierten Schuss, sondern mit ohrenbetäubendem Kriegslärm wurde das Publikum in mancher französischen Ouvertüre des 18. Jahrhunderts erschreckt. Wie ein Unwetter garantiert auch Waffenklirren am Beginn einer Oper erhöhte Aufmerksamkeit im Zuschauerraum. Auf den Prototyp in Rameaus *Naïs* (1749) wurde schon hingewiesen. Danach verbreitete sich diese Methode zunächst in Frankreich, dann auch in anderen Ländern. Im Libretto von Grétrys *Aucassin et Nicolette, ou Les mœurs du bon vieux tems* (Versailles 1779) heißt es genauso lapidar wie bei Rameau: „L'ouverture est un bruit de guerre" („Die Ouvertüre ist ein Kriegslärm"). Dazu dienen nicht weniger als 185 Allegro-Takte in d-Moll, wesentlich von perkussiven Akkordwiederholungen geprägt, die offensichtlich bei bereits geöffnetem Vorhang zu spielen sind. Sie werden zweimal (in T. 24 und 49) unterbrochen von hinter der Szene gesungenen Rufen des Vaters des Protagonisten („Aucassin!", „Mon fils!"). Gegen Ende beißen sie sich schließlich in Tremoli auf dem Ton *a* fest, der fünften Stufe der Grundtonart d-Moll. Danach folgt der Eröffnungschor in D-Dur, der die liebliche Seite dieser „comédie" ausprägt. Durch die ungewöhnliche Gestaltung der gesprochenen Dialoge ist dieser Oper gleichwohl eine tragische Fallhöhe eingeschrieben. Die Konvention hätte für die nicht gesungenen Teile einer opéra-comique zwingend Prosa verlangt, ein sehr spätes Beispiel dafür findet sich noch in Bizets *Carmen* (Paris 1875). Ausnahmsweise sind in *Aucassin et Nicolette* aber auch die gesprochenen Dialoge in Versen gereimt. Der Librettist gibt damit einen erhabenen Ton vor, ganz ähnlich wie zwei Jahrzehnte später in einem weiteren charakteristischen, heute noch gespielten Sonderfall: Cherubinis *Médée* (Paris 1797), formal eine „opéra-comique" trotz des offensichtlich tragischen Sujets.

Ebenfalls mit einer kriegerischen Szene wurde zehn Jahre nach *Aucassin et Nicolette*, im Oktober 1789, die Ouvertüre zu Dalayracs *Raoul, sire de Créqui* bebildert: „Während der Ouvertüre bemerkt man, wie erschrockene Bauern das Theater überqueren, und man sieht mit Waffenbündeln ausgerüstete Soldaten." Hier umschließt aufgeregte d-Moll-Musik eine „Romanza" in D-Dur. Dieser Mittelsatz erweist sich als Vorgriff auf die Musik der eigentlichen Oper. Denn die Romanze wird am Beginn des dritten Aktes wiederkehren, dort mit Gesang und nach A-Dur transponiert. In der Ouvertüre hellt der Komponist erst nach diesem lieblichen Kontrast auch die Musik des Allegro assai von d-Moll nach D-Dur auf, präzise zum Auftritt der Soldaten auf der Bühne. Dabei bleibt im Gegensatz zu Grétrys Oper die Ouvertüre von der eigentlichen Oper getrennt. In Dalayracs Oper gibt es keinen direkten musikalischen Übergang in die Handlung. Nach der Schlusskadenz der Ouvertüre beginnt die erste Szene des ersten Aktes im Dialog, hier gemäß der Konvention in Prosa gefasst.

Als weitere Beispiele für Kriegslärm in der Eröffnungsmusik von französischen opéras-comiques wären Pierre-Alexandre Monsignys *Le déserteur* (1769), Nicolas Dezèdes *Péronne sauvée* (1783) oder Rodolphe

Kreutzers *Lodoïska* (1791) zu nennen. Nach 1800 begegnen solche Experimente auch außerhalb Frankreichs, etwa in Giacomo Meyerbeers früher Oper *Margherita d'Anjou* (Mailand 1820), die mit einer „sinfonia militare" beginnt, wenn auch bei geschlossenem Vorhang. Sicher stand dem damals in Italien lebenden Komponisten die seinerzeit sehr erfolgreiche Oper *Achille* von Ferdinando Paër vor Ohren. In dieser 1801 für die Wiener Hofoper komponierten Partitur waren die Innovationen der französischen opéra-comique auf einen Stoff aus der griechischen Antike übertragen worden. Nach einer langsamen Einleitung geht mitten im Allegro-Satz der Ouvertüre der Vorhang auf. Im Textbuch dieser italienischsprachigen Oper heißt es unter dem Zwischentitel *Sujet der Ouvertüre*:

> „Die Ouvertüre wird das Erscheinen des Tages ausdrücken. Da sich aber in einem Feldlager nicht die Wirkungen einer ländlichen Natur malen lassen, muss man aus einer gewissen Entfernung das hören, was man den Morgenappell nennt. Wenn dann der Tag angebrochen ist und die Bewegungen und der Marsch des thessalischen Heeres verfolgt werden müssen, wird die Musik den Lärm nachahmen, der einer Armee in Bewegung vorausgeht und sie begleitet. Die Ouvertüre wird mit einem Marsch schließen, währenddem das Heer in einer Parade defiliert, um die militärischen Figuren auszuführen."

Statt mit dem unbestimmten Artikel „einer" hätte der Librettist hier auch von „unserer" Armee sprechen können, denn die Musik des Morgenappells entstammte dem Repertoire des österreichischen Heeres. In der *Zeitung für die elegante Welt* war mit süffisantem Unterton zu lesen, es sei

> „bekanntlich etwas lange her, daß *Achilles* in der Welt gelebt hat, auch weiß man daß er kein Oberst oder General bei der K[aiserlich] Königlichen Armee gewesen ist. Demungeachtet läßt Herr *Pär* beim Aufgang der Sonne und beim Aufbruch des Heeres ‚eine noch jetzt bei der östreichischen Armee gebräuchliche *Reveille* mit Trommeln und Oktavflöten anbringen'!"[4]

Alle diese kriegerischen Eröffnungsmusiken knüpfen offensichtlich an die Jahrhunderte alte Tradition der „battaglia"-Musik an, die man noch in Tschaikowskis *Mazepa* (Moskau 1884) wiederfinden wird, wenn dort in einem als „Antrakt" bezeichneten „symphonischen Bild" die Schlacht bei Poltawa im Jahre 1709 musikalisch vergegenwärtigt wird. Bei Paër wird die „battaglia"-Tradition zusätzlich überstrahlt von der Analogie zum Sonnenaufgang, einem Topos, auf den wir noch zurückkommen werden.

Wie in manchem Pariser Beispiel entwickelte Paër überdies die Eröffnungsszene unmittelbar aus dem Ende der Ouvertüre, zeigte sich also auch in diesem musikdramaturgischen Detail auf der Höhe seiner Zeit.

Ganz ähnlich der „battaglia" hatte auch den Sturm-Ouvertüren eine alte Tradition Patin gestanden: die „tempesta", also eine Sturmmusik wie sie sich zum Beispiel in einem bekannten Instrumentalkonzert Vivaldis findet. Allerdings ging man im letzten Viertel des 18. Jahrhunderts weit über alle „tempesta"- und „battaglia"-Traditionen hinaus, indem man solche Musik mit sichtbarer Aktion auf der Bühne verknüpfte. Gleichwohl machten die genannten Beispiele aus der Ausnahme keine Regel, wie ein Blick auf eine opéra-comique des bereits erwähnten Martini aus dem Jahre 1774 zeigt. In *Henry IV* ist die ungewöhnlich lange Ouvertüre (in C-Dur) vollständig von Trompetenfanfaren geprägt. Sie weist damit auf den Marsch in derselben Tonart C-Dur voraus, der den dritten und letzten Akt beschließen wird, als Défilé vor dem im Titel genannten französischen König der Jahre um 1600. So wird gleichzeitig ein Bogen von der Handlungszeit zu dem bei der Uraufführung anwesenden, seit wenigen Monaten amtierenden König Ludwig XVI. geschlagen. Trotz dieses Bezugs zur Gegenwart lässt Martini aber die Ouvertüre ausdrücklich bei geschlossenem Vorhang spielen.

Auch eine der erfolgreichsten französischen Ouvertüren aus dem späten 18. Jahrhundert, diejenige zu Étienne Méhuls *Le jeune Henri*, hält an der Konvention des geschlossenen Vorhangs fest. In diesem „drame lyrique" wird eine Episode aus der Jugend desselben Königs Heinrich IV. erzählt. Wegen seines royalistischen Sujets konnte das Werk erst nach dem Ende der radikalen Phase der Französischen Revolution, am 1. Mai 1797, zur Aufführung kommen. Anknüpfungspunkt ist hier nicht die „battaglia"-Tradition, sondern die „chasse" oder „caccia" im 6/8-Takt. Wiederholt war dieser Topos der Jagd in Finalsätzen von Sinfonien Haydns oder Mozarts, aber auch in der Ouvertüre zu Haydns pastoraler Oper *La fedeltà premiata* (Esterháza 1780) begegnet. Méhul übersteigert das Modell in monumentale Dimensionen. Der von Hornsignalen geprägte Teil seiner Ouvertüre dauert über zehn Minuten. Der frenetisch wirkende Elan dürfte wesentlich zum nachhaltigen Erfolg dieser Eröffnungsmusik beigetragen haben. Ernst Theodor Amadeus Hoffmann rühmte die Komposition als „wahres Muster [...], wie man musikalisch malen soll".[5] Während die eigentliche Oper schnell in Vergessenheit geriet, wurde dieses Instrumentalstück noch im späteren 19. Jahrhundert gespielt. In den

1850er-Jahren gehörte es sogar zum Repertoire der Berliner Hofkapelle, in den 1870er-Jahren wurden neue Arrangements gedruckt, bevor dieser „Hit" aus dem Musikleben verschwinden sollte.

Was mag aber die Vorliebe von Opernkomponisten für solche Sturm-, Kriegs- und Jagdmusiken erklären? Wohl nicht nur die Möglichkeiten, das Publikum mit Maschinenzauber zu überwältigen. Sondern auch der Umstand, dass lärmende Stürme und Schlachten eine besonders effiziente Form des „zittire" bedeuten: ein veritabler „noise-killer", um eine an Haydns Londoner Sinfonien entwickelte Wortschöpfung zu benutzen.[6] Wie hätte man das Publikum besser zum Schweigen bringen können? Und gleichzeitig einen Nerv treffen können für eine Epoche, die von ständigen Kriegen geprägt war? Gar nicht zu reden von den Erfahrungen mit dem „Ersten Weltkrieg" avant la lettre, der nach der Französischen Revolution 1792 begonnen hatte und erst mit Napoleons definitiver Niederlage 1815 zu einem Ende kommen sollte.

Die „Medley Overture"

Die „opéra-comique" des 18. Jahrhunderts ist heute völlig in Vergessenheit geraten. Diese Geringschätzung hat nicht nur, aber auch mit der Musikgeschichtsschreibung zu tun. Obwohl solche Opern regelmäßig am Hof in Fontainebleau und Versailles zur Uraufführung kamen, bevor sie dann in Paris für das zahlende Publikum nachgespielt wurden, galt und gilt die Gattung als nachrangig gegenüber der „tragédie lyrique". Die hier eingeführten Namen eines Dalayrac, Devienne oder Martini sind heute selbst Opernkennern kaum geläufig, allein Grétry und Méhul vielleicht ein wenig bekannter. Angesichts des geringen Prestiges der Gattung überrascht die Experimentierfreude der Librettisten und Komponisten. In den 1780er-Jahren war Grétry in *Richard-Cœur de lion* der erste gewesen, der in einer Opernpartitur charakteristische Melodien wiederholt erklingen ließ. Damit bahnte er den Weg, der im 19. Jahrhundert zur Verklammerung mehrerer Akte durch solche Reminiszenzen, im Extrem zum sogenannten „Leitmotiv" in Wagners Musikdramen führen sollte. Auch beim Experimentieren mit der Ouvertüre ging es Grétry und seinen Zeitgenossen offensichtlich darum, mit musikalischen Mitteln eine stringentere Dramaturgie zu erreichen.

Nun kann man in einer neueren Dissertation über die Ouvertüre in der französischen Oper lesen, all diese Innovationen seien bereits in Rameaus Opernschaffen angelegt gewesen.[7] Dies kann man durchaus differenzierter sehen. Denn pantomimische Handlungen begegnen so gut wie nie in der musikalischen Tragödie,[8] sehr wohl aber in der opéra-comique. In beiden Gattungen spielte dagegen das Genre der sogenannten – wohl erst seit 1860 so bezeichneten – „Potpourri-Ouvertüre" keine wesentliche Rolle. Zwar findet sich das erste französische Beispiel, wenn wir einem 1820 erschienenen Buch glauben dürfen, schon 1773. Der einflussreiche Musikschriftsteller Castil-Blaze erwähnte als Prototyp die Ouvertüre zu Monsignys „opéra-féerie" mit dem Titel *La belle Arsène*. Genügt aber eine Melodie, um von einem „Potpourri" zu sprechen? Vieles spricht dafür, für das 18. Jahrhundert in Frankreich auf den Begriff des „Potpourri" zu verzichten und eher von Zitaten in Ouvertüren zu sprechen.[9] Denn in der Mehrheit der einschlägigen Beispiele – wie auch in der bereits erwähnten Ouvertüre zu Dalayracs *Raoul, sire de Créqui* – wird gerade nur eine Melodie aus der folgenden Oper vorweggenommen. Allenfalls begegnen zwei oder – noch seltener – mehr Melodien.

Ganz anders auf den britischen Inseln: In der englischen Sprache erscheint dieses Modell schon sehr viel früher, als „Medley Overture". Glaubt man der spärlichen Literatur zu diesem kaum erforschten Phänomen, begegnet die „Medley Overture", die Entsprechung der Potpourri-Ouvertüre, erstmals in den 1770er-Jahren im Londoner Musiktheater, etwa bei Charles Dibdin. Das kann nicht stimmen, denn der Begriff wurde schon seit den 1730er-Jahren verwendet – zunächst im Umkreis der parodistischen Produktionen, die wir heute mit der bereits erwähnten *Beggar's Opera* assoziieren, einem Stück, dem Bertolt Brecht und Kurt Weill genau 200 Jahre später mit ihrer sehr freien Bearbeitung als *Die Dreigroschenoper* zu neuer Bekanntheit verhelfen sollten.

Eines der frühesten Beispiele für die Verwendung des Begriffs „Medley Overture" findet sich im Librettodruck einer „ballad comedy" mit dem Titel *The Female Rake; or, Modern Fine Lady*. Dem ersten Akt dieses Zweiakters geht eine „Medley Overture" voraus. Deren Musik ist – wie bei den meisten „ballad operas" – verloren. Auch der Name des Komponisten ist nicht dokumentiert, genannt wurde nur der Textdichter Joseph Dorman. Sein Bühnenstück wurde am 26. April 1736 als „afterpiece" im Anschluss an die Wiederaufnahme von George Lillos *The London Merchant* gespielt. Aufführungsort des bürgerlichen Trauerspiels in fünf Akten und Prosa wie der parodistischen „afterpiece" war das „New Theatre in the Hay-Market" – genau gegenüber dem King's Theatre am selben Heumarkt in der Londoner Innenstadt, für das Georg Friedrich Händel viele seiner Opern geschrieben hatte.

Erhalten ist dagegen die Musik zu einer als „Original Medley Overture" bezeichneten Komposition, die ein John Frederick Lampe fast gleichzeitig im Klavierauszug drucken ließ. Lampe stammte vermutlich aus Braunschweig, war also wie der Berliner Pepusch und der in Halle an der Saale geborene Händel ein Arbeitsmigrant. Kaum zwanzigjährig war er als Fagottist nach London gekommen und spielte dann mehrere Jahre im King's Theatre, regelmäßig also auch bei Aufführungen von Opern Händels. Als Komponist spezialisierte er sich in den 1730er-Jahren auf parodistische Musiktheaterproduktionen in englischer Sprache. Der umständliche Titel des erwähnten Drucks aus dem Jahre 1735 oder 1736 ist schwer zu deuten. Sehr wahrscheinlich war seine Ouvertüre erstmals am 4. Februar 1734 im Theatre Royal, Drury Lane, gespielt worden, im Anschluss an die Tragödie *The Unhappy Favourite; or, The Earl of Essex* von John Banks aus dem Jahre 1681 (mit demselben Stoff wie in Donizettis Oper *Roberto Devereux*, die uns noch beschäftigen wird) und vor einem „Dramatic Pantomime Entertainment Interspers'd with Ballad Tunes" eines unbekannten Autors mit dem Titel *Cupid and Psyche, or Columbine Courtezan*. Es handelte sich also um Unterhaltungsmusik ohne besondere Ansprüche. Samuel Richardson, der Autor des sentimentalen Bestseller-Romans *Pamela*, eiferte sich gar über diese „infamous Harlequin Mimicry".[10] Das tat dem Erfolg von Lampes Ouvertüre keinen Abbruch. In späteren Jahren sollte sie als „afterpiece" im Anschluss an die verschiedensten Dramen gespielt werden.

Nun aber endlich zur Musik dieser „Original Medley Overture", einer sehr eigenartigen Komposition, an der fast nichts „original" ist. Das kaum mehr als drei Minuten dauernde Stück fällt durch unzählige Tempowechsel auf (siehe Abb. 4). An insgesamt fünfzehn Stellen hat Lampe mit knappen Textincipits die Herkunft der verwendeten Melodien offengelegt: Zehn stammen aus Opern Händels, eine aus *The Beggar's Opera*, vier aus der volkstümlichen Überlieferung der britischen Inseln. Von Händels Arien zitiert Lampe meist nur vier oder acht Takte des Orchester-Ritornells, bisweilen montiert er sogar in der Art eines Quodlibets zwei Melodien übereinander, zum Beispiel in der Oberstimme die Arie „Se il caro figlio" aus Händels Oper *Siroe*, in der Unterstimme einen „Irish Ground". Im Gegensatz zur späteren Potpourri-Ouvertüre zeichnet sich diese Komposition also durch extrem kurze „Schnipsel" aus und verwendet dabei gerade nicht Melodien aus dem folgenden Bühnenstück, sondern aus Kompositionen, die das Publikum schon kannte. Dabei lässt die Tatsache, dass alle acht von Lampe herangezogenen Opern Händels aus

Abb. 4 Die erste Notenseite des Klavierauszugs von Lampes „Original Medley Overture" zeigt deutlich die kleingliedrige Organisation dieses „Pasticcios", nicht zuletzt mit den Textmarken, mit denen die verwendeten Melodien ausgewiesen werden. Im ersten Takt steht „Dimmi speme" für Elmiras Arie „Dimmi, o spene", die den ersten Akt von Händels *Floridante* eröffnet – Lampe verwendet allerdings nur das Orchester-Ritornell. In der zweiten Akkolade weist „O what pain it is to part" auf Pollys „Air" aus dem ersten Akt von Pepuschs *The Beggar's Opera* und damit auf eine bereits seit dem Beginn des 18. Jahrhunderts nachweisbare schottische Melodie

dem Zeitraum zwischen 1721 und 1728 stammen, sogar eine noch frühere Entstehung dieser „Medley Overture" vermuten – vielleicht schon um 1730. Überraschenderweise wurde die „Kom-Position" auch auf dem europäischen Kontinent wahrgenommen. In einer wenig später von Johann Georg Pisendel für die Dresdner Hofkapelle angelegten Sammlung hat sich ein handschriftlicher Stimmensatz dieses Stücks erhalten.

Aufgrund erheblicher Lücken in der Überlieferung der Musik von „ballad operas" und verwandter Genres kann die Frühgeschichte der „Medley Overture" nach 1734 nicht einmal in Ansätzen rekonstruiert werden. Ihre spätere Entwicklung, vor allem im 19. Jahrhundert, ist dagegen für die Physiognomie der Ouvertüre in allen europäischen Ländern entscheidend – eine unglaubliche Erfolgsgeschichte, trotz des schlechten Rufs eines „Potpourri" (wörtlich übersetzt: „verfaulter Topf"). Noch heute ist sie nicht weniger lebendig als in vergangenen Jahrhunderten – wenn auch inzwischen ausschließlich in populären Genres wie dem Musical.

Wien 1874

Fast anderthalb Jahrhunderte nach der Ausprägung dieses Typs in London gelang Johann Strauss Sohn ein besonders gelungenes Beispiel einer „Potpourri-Ouvertüre". In der Eröffnungsmusik zu *Die Fledermaus* reiht er souverän „greatest hits" aus seiner Operette aneinander. Bis heute teilt die Ouvertüre den Erfolg des unverwüstlichen Bühnenstücks, das zum ersten Mal am Ostersonntag des Jahres 1874 im Theater an der Wien zu sehen war. Im Forte setzt das Orchester mit drei Akkorden ein. In der höchsten Stimme ist Eisensteins wütendes „Ja, ich bin's" aus dem dritten Akt zu erkennen, vor allem aufgrund der charakteristischen chromatischen Aufwärtsbewegung. Erst nach weiteren Fanfaren folgt in einem als „Allegretto" bezeichneten Formteil die Fortsetzung („den Ihr betrogen. Aber rächen will ich mich jetzt fürchterlich!"). Die von „Ja, ich bin's" abgeleiteten Fanfaren leiten anschließend in ein zweites Allegretto über. Dort wird aus demselben dritten Akt die Begleitmusik zu Eisensteins Frage „So erklärt mir doch, ich bitt!" herbeizitiert, also die kecke Musik, die dort die Auflösung der Verwicklungen besiegeln wird. In weiteren Abschnitten ist der mitreißende Walzer aus dem Finale des zweiten Aktes und der Polka-Rhythmus des höhnischen Terzetts aus dem ersten Akt („O je, o je, wie rührt mich dies") zu hören. Am Ende der gut acht Minuten dauernden Ouvertüre sind es dann genau diese beiden Elemente – Walzer und Polka –, welche die furiose Schluss-Steigerung garantieren.

Sowohl die Entstehung der „Medley Overture" im populären Londoner Musiktheater des mittleren 18. Jahrhunderts wie die stereotype Verwendung von Potpourri-Ouvertüren in der Operette und im Musical – bei Jacques Offenbach in Paris wie bei seinen Wiener Nachfolgern, am Broadway wie bei Andrew Lloyd Webber – weisen überdeutlich auf einen Zusammenhang von Form und Geschäftsmodell. Offenbar ist die Potpourri-Ouvertüre charakteristisch für nicht subventionierte, allein von Kasseneinnahmen abhängige Organisationsformen des Musiktheaters. Für den Erfolg solcher Werke ist die Durchsetzung eingängiger Melodien von noch größerer Bedeutung als für gediegenere Spielarten des Musiktheaters. Nicht nur bei Offenbach liegt der Gedanke nahe, dass Komponisten sehr genau überlegt hatten, welche der im jeweiligen Bühnenstück verwendeten Melodien das größte Potential für einen „Schlager" hatte. Genau diese wurde dann bereits in der Ouvertüre eingeführt, um das Publikum „anzufixen".

Auf ihre Weise beweist die Potpourri-Ouvertüre also Offenbachs These vom kommerziellen Charakter attraktiver Melodien. 1856, noch vor seinen ersten durchschlagenden Erfolgen, hatte der aus Köln zugewanderte Pariser in der Ausschreibung eines Wettbewerbs für einen buffonesken Einakter ausgeführt: „In einer Oper, die kaum eine Dreiviertelstunde dauert, die nur vier Figuren auf die Bühne stellen darf, und die nur ein Orchester aus maximal 30 Musikern einsetzt, braucht es Ideen und Melodie, die man zu Bargeld münzen kann."[11] Ein ähnlicher Pragmatismus klingt noch über ein Jahrhundert später in den Worten Adolf Tegtmeiers an, des von Jürgen von Manger imaginierten Prototyps eines Kleinbürgers aus dem Ruhrgebiet: „Die fangen ja bei zuem Vorhang schon an, und spielense zuerst die ganze Melodien an ein'n Streifen, alles was später so auftaucht. Das ist aber nur, damit man sich an die Musik erst mal gewöhnen soll."[12]

Nachweise der Zitate

1. Nach der deutschen Übersetzung in der Fußnote ** zur *Vorrede*, in: Carlo [sic!] COLTELLINI und Antonio SALIERI, *Armida. Eine tragische Oper*, hrsg. von C[arl] F[riedrich] CRAMER, Leipzig: Breitkopf 1783, S. [III]–VI; hier S. V.
2. Ebd.
3. Vgl. [Anonym], *Bühne*, in: *Münchener Kunst- u[nd] Theater-Anzeiger* 9/2972 (18. April 1896), S. 1.
4. [Anonym], *K. K. Hoftheater in Wien. Achilles. Oper komponirt von Pär*, in: *Zeitung für die elegante Welt* 1/101 (22. August 1801), Sp. 314 f.; hier Sp. 315; vgl. auch Klaus PIETSCHMANN, *Märsche im Wiener Opernrepertoire um 1800 und ihre dramaturgische Funktion*, in: *Oper und Militärmusik im langen 19. Jahrhundert. Sujets, Beziehungen, Einflüsse. Internationale Tagung Universität Koblenz-Landau, Landau in der Pfalz 1.–2. Dezember 2016*, hrsg. von Achim HOFER, Würzburg: Königshausen & Neumann 2020, S. 1–10; hier S. 5.
5. [Ernst Theodor Amadeus HOFFMANN], *Ouverture à grand Orchestre, du jeune Henri[.] Chasse de F. Méhul*, in: *Allgemeine musikalische Zeitung* 14/46 (11. November 1812), Sp. 743–747; hier Sp. 747.

6. László Somfai, *The London revision of Haydn's instrumental style*, in: *Proceedings of the Royal Musical Association* 100 (1973–74), S. 159–174; hier S. 166.
7. Vgl. Patrick Taïeb, *L'ouverture d'opéra en France de Monsigny à Méhul*, Paris: Société française de musicologie 2007, S. 24 f.
8. Vgl. ebd., S. 85.
9. Vgl. ebd., S. 107–135.
10. Samuel Richardson, *The Apprentice's Vade Mecum: or, Young Man's Pocket-Companion*, hrsg. von Alexander Petit (The Cambridge Edition of the Works of Samuel Richardson, 1), Cambridge: Cambridge University Press 2012, S. 21.
11. Jacques Offenbach, *Concours pour une opérette en un acte*, in: *Revue et gazette musicale de Paris* 23 (1856), S. 230 f. (Nr. 29 vom 20. Juli); hier S. 231.
12. Jürgen von Manger, *Bleibense Mensch! Träume, Reden und Gerede des Adolf Tegtmeier*, München: Piper 1966, S. 28.

Kurz oder lang?

WAGNERS UND VERDIS ANFÄNGE

In besser beleumundeten Genres des Musiktheaters begegnen Potpourri-Ouvertüren eher selten, nach 1830 tendenziell fast nur noch im komischen Genre oder im Frühwerk von Opernkomponisten. Wagner und Verdi können dies illustrieren, und zwar mit jeweils einem charakteristischen Beispiel aus einer Lebensphase, in der sie als Berufsanfänger noch auf einen durchschlagenden Erfolg warten mussten.

In der Eröffnungsmusik zu seiner ambitionierten Historienoper *Rienzi, der Letzte der Tribunen* reiht Wagner einprägsame Melodien aus den folgenden Akten aneinander, wobei diese zum Teil sogar mehrmals in der Oper erscheinen werden. Die ungewöhnlich lange, etwa dreizehn Minuten dauernde Ouvertüre beginnt mit einem „langgehaltenen Ton einer Trompete", der vor dem Finale des ersten Aktes dreimal erschallen wird – dort von Irene, der Schwester des Titelhelden, erschrocken kommentiert mit dem Ausruf „Was für ein Klang!". Die anschließende, chromatisch gewundene Passage der Violoncelli und Kontrabässe verweist auf eine Schlüsselszene im vierten Akt, in der Adriano den Titelhelden als Verräter denunzieren wird. Als erste eingängige Melodie folgt dann eine charakteristische Passage aus Rienzis Gebet im fünften Akt, die Wagner wenig später im Fortissimo wiederholen lässt. Das Allegro energico als schneller Satz der Ouvertüre nimmt den „wilden Enthusiasmus" des Chors der

Römer im Finale des ersten Aktes vorweg, bevor Posaunen und Tuba im Unisono den Schlachtruf „Santo Spirito cavaliere!" intonieren und schließlich zur Wiederholung der Melodie aus Rienzis Gebet überleiten. Während diese Melodie als Seitenthema der Sonatensatzform fungiert, hat Wagner die Schlussgruppe dieses – inzwischen auch für Opern-Ouvertüren kanonischen – Formmodells mit einem dritten Thema markiert. Es entstammt der Stretta im Finale des zweiten Aktes („Rienzi, dir sei Preis, dein Name hochgeehrt").

Ganz ähnlich in *Nabucodonosor*, Verdis dritter Oper, die im selben Jahr 1842, sieben Monate vor *Rienzi*, in Mailand das Bühnenlicht erblickte. Im Maestoso spielen die Posaunen eine Art Choralsatz, an die sich eine instrumentale Fassung des Chors der Leviten im zweiten Akt anschließt. Danach wird der berühmte Gefangenenchor aus dem dritten Akt eingeführt, hier zu einem Walzer im 3/8-Takt verfremdet. Der Allegro-Hauptsatz greift wieder den Chor der Leviten auf. Wer die Oper schon kennen sollte, kann bei genauem Hinhören auch den Chor der assyrischen Priester vom Beginn des zweiten Aktes, die Stretta aus dem Finale des ersten Aktes und eine Überleitungspassage aus dem Duett Abigaille – Nabucodonosor im dritten Akt entdecken.

Im Vergleich zu solchen Ouvertüren erscheint diejenige zu einer der erfolgreichsten deutschen Opern weniger überladen. Die Eröffnungsmusik zu *Der Freischütz* aus dem Jahre 1821 besticht durch ihren souveränen Aufbau. Carl Maria von Weber beginnt den eröffnenden langsamen Satz mit (zwei) Elementen, die nicht in der Oper wiederkehren werden: einem Unisono und dann einer Melodie der Hörner. In die Schlusskadenz dieses Adagio montiert er die charakteristischen Dissonanzen aus der „Wolfsschlucht"-Szene des zweiten Aktes hinein. Der schnelle Satz beginnt danach in c-Moll mit der Vorwegnahme charakteristischer Passagen aus dem letzten Teil von Maxens Arie im ersten Akt. Am Ende des Hauptsatzes und der Überleitung in die Paralleltonart erklingt eine prägnante Melodie in der Solo-Klarinette, fortissimo und „con molta passione" zu spielen. Hector Berlioz rühmte sie als „träumerische Phrase", sie scheint Maxens „So dringt kein Strahl durch diese Nächte" aus dem ersten Akt vorwegzunehmen. Bei einer genaueren Analyse zeigt sich, dass Weber hier auf ingeniöse Weise Elemente aus Maxens Solo und Agathes Arie im zweiten Akt überblendet hat.[1] Insofern hat es seine Konsequenz, wenn Weber anschließend eine Melodie aus der Cabaletta, dem schnellen Schlussteil von Agathes Arie im zweiten Akt, für das Seitenthema in Es-Dur heranzieht. Diese Melodie wird in der allerletzten Szene der Oper wiederkehren, so dass die Ouvertüre bereits einen weit gespannten Bogen zum letzten Finale eröffnet.

Im Durchführungsabschnitt der von Weber sehr frei eingesetzten Sonatensatzform wird diese Melodie mit dem c-Moll-Teil überblendet. Nach einer erneuten Unterbrechung durch die „Wolfsschlucht"-Dissonanzen endet die Ouvertüre mit einem triumphalen Schlussteil, der erneut auf die Cabaletta von Agathes Arie zurückgreift. Mit dieser Gegenüberstellung und Verknüpfung charakteristischer Motive aus den Arien der beiden Hauptfiguren geht diese Komposition weit über die Tradition der Potpourri-Ouvertüre hinaus. Denn im Gegensatz von c-Moll und C-Dur tritt der Grundkonflikt des anschließenden Dramas zutage. Dieser Konflikt wird zudem eindeutig bezeichnet durch die dramaturgische Funktion der verwendeten musikalischen Motive: einerseits die „finsteren Mächte", die Max „umgarnen", andererseits der reine Charakter von dessen Verlobter mit dem sprechenden Namen Agathe (in klassischem Griechisch „die Gute").

„SI ÁNTES NO SE CONOCE LO IMITADO"

Solche impliziten Hinweise auf die Handlung erschließen sich allerdings nur demjenigen, der die ganze Oper kennt. Beim ersten Hören einer Ouvertüre sind sie allenfalls intuitiv zu erahnen. Das Paradox, dass jede Potpourri-Ouvertüre implizit die Kenntnis dessen voraussetzt, was später auf der Bühne zu sehen ist, wurde wiederholt in Worte gefasst – auf besonders elegante Weise in einem 1779 gedruckten und später in ganz Europa verbreiteten Lehrgedicht in spanischer Sprache. Das von Tomas de Iriarte im vierten Gesang seines „poema" *La música* vorgebrachte Argument ist unschlagbar:

> Ótros en ella [introduccion] resumir intentan
> Los pasages diversos
> Que se hallan en la Ópera dispersos:
> Diligencia pueril que en vano ostentan;
> Porque la imitacion no causa agrado,
> Si ántes no se conoce lo imitado.[2]
> (Andere beabsichtigen in der Einleitung, die verschiedenen Passagen zusammenzufassen, die sich in der Oper verstreut finden: kindischer Eifer, den sie vergeblich zur Schau stellen; denn die Nachahmung verursacht kein Vergnügen, wenn man das Nachgeahmte vorher nicht kennt.)

Dasselbe Argument findet sich wiederholt in der deutschen Musikpublizistik des 19. Jahrhunderts. Als der Diplomat Carl Klingemann – heute vor allem als Freund Felix Mendelssohn Bartholdys bekannt – die Oper *Maja und Alpino* (Prag 1826) von Joseph Wolfram rezensierte, lesen wir über dieses schnell vergessene Werk eines Amateurkomponisten:

> „Wie gesagt, die Zeit ringt nach Bedeutung [...]. In dieser falschen Ab- und Ansicht bauen sie auch gleich die Ouvertüre aus den einzelnen Bestandtheilen der Oper zusammen, und muthen dem Hörer den sonderbaren Process zu, das so unorganisch Zusammengebaute lange hinterdrein, im Verlauf der Oper selbst, wo er erst erfährt was die einzelnen Bestandtheile denn eigentlich bedeuten, zu einem Ganzen zu konstruiren; wolltet ihr billig verfahren, müsstet ihr dem armen Hörer die Ouvertüre nach der Oper aufspielen, dann könnte er sich einiges dabei denken."[3]

Sowohl Iriarte wie Klingemann setzen stillschweigend voraus, Opern würden nur für den einmaligen Theaterbesuch geschrieben. Die historische Realität war eine andere: Bis zum Ende des 19. Jahrhunderts war für den größeren Teil des Publikums, zumal für die Eigentümer oder Abonnenten der Logen, die mehrmalige Begegnung mit derselben Produktion die Regel, nicht wie heute die Ausnahme. Zudem hatte sich bereits seit Glucks und Mozarts Tod allmählich ein Repertoire regelmäßig gespielter Werke ausgeprägt. Das Opernpublikum wurde also immer seltener mit unbekannten Werken konfrontiert. Abgesehen von solchen Veränderungen der „Angebots"-Struktur lohnt aber auch die heimtückische Rhetorik Klingemanns ein genaueres Augenmerk. Er schlägt den Sack, nämlich Joseph Wolfram, den Bürgermeister der nordtschechischen Stadt Teplitz, und zielt offenbar auf einen nicht genannten Esel: Webers *Der Freischütz*, der damals in aller Ohren war.

Dieser Zusammenhang erschließt sich aus einem 1840 überarbeiteten Lexikonartikel zur *Ouverture*, in dem wir lesen:

> „Auf dieser [von Gluck vorgespurten] Bahn schritten Mozart, Beethoven, Mehul und Cherubini weiter, bis C. M. v. Weber in seinem ‚Freischütz' einen neuen Weg einschlug, und eine schärfere Charakterisirung der Oper durch künstliche Ineinanderflechtung und Verwebung der Hauptmotive derselben mit Verbindungssätzen zu erzielen sich bestrebte. Diese Weise, die allgemeinen Anklang und viele Nachahmer fand, führte bald zu der Verirrung, daß alle Ausarbeitung vernachlässigt wurde, und die neuern Erzeugnisse der Art nicht mehr aus dem Wesen des ganzen Werks der Idee nach,

sondern aus den äußern Merkmalen desselben hervorgingen, so daß in Folge der mechanischen Aneinanderreihung der dem Hauptwerke entnommenen Hauptmelodieen die Ouverture, aller Einheit und Würde ermangelnd, endlich zu einem bloßen Register desselben herabsinken mußte."[4]

Die behauptete Abfolge eines modellhaften Ideals und darauffolgender Dekadenz dürfte einer historischen Überprüfung nicht einmal im Ansatz standhalten. Bereits in unserem kurzen Streifzug sind wir zahlreichen Gegenbeispielen begegnet. Dieses Argument war in dem zitierten Ausschnitt aus dem *Musikalischen Conversations-Lexikon* erst nachträglich geschärft worden. In der ersten Fassung dieses Artikels aus dem Jahre 1835 stand an Stelle des präzisen Beispiels von Webers *Der Freischütz* noch ein vages „später".[5] So oder so ist die rhetorische Absicht klar: Der anonyme Schreiber – und mit ihm viele weitere Autoren von Gottfried Wilhelm Fink über Adolf Bernhard Marx bis Hermann Mendel – konstruieren den Gegensatz handwerklicher Verdichtung und bloßer mechanischer Aneinanderreihung, um die verachtete Potpourri-Ouvertüre disqualifizieren zu können.

Vorspiel oder Ouvertüre?

Bei einem großen Teil solcher Wortmeldungen, zu denen auch eine 1841 in Paris publizierte Schrift des jungen Richard Wagner zählt, handelte es sich um Rückzugsgefechte. Das Augenmerk galt nicht der Gegenwart, sondern einer je nach Bedarf verklärten oder als verderbt imaginierten Vergangenheit. Denn wie bereits kurz angedeutet, war es nach 1830 europaweit zum Standard geworden, eine Oper nur noch mit einer knappen „Introduction" oder einem „Vorspiel" zu eröffnen. Ein solches Vorspiel war in aller Regel zu kurz, um mehrere Themen aus der folgenden Partitur vorstellen zu können. Gleichwohl weisen ausgewachsene Ouvertüren und knappe Vorspiele in einer langen Übergangszeit, in der sie nebeneinander existierten, viele Gemeinsamkeiten auf.

Dabei fallen wie am Beginn der Operngeschichte insbesondere musikalische Gesten ins Ohr, denen es um einen Aufruf zum „silentium", um ein „zittire" geht: zum Beispiel Mozarts Ouvertüre zu *Die Zauberflöte* von 1791 mit drei Akkordschlägen des ganzen Orchesters, denen drei Posaunen eine besonders feierliche Farbe verleihen, zuvor schon Ignaz Holzbauers *Günther von Schwarzburg* (Mannheim 1777) mit einer ganz ähnlichen Klangidee in derselben Tonart Es-Dur oder später Rossinis Ouvertüre zu *La gazza ladra* von 1817 mit den eröffnenden Trommelwirbeln. Genauso aber die Vorspiele zu Meyerbeers *Les huguenots* von 1836 und zu Verdis *Il trovatore* von 1853 mit Wirbeln der Pauken und der großen Trommel. In diesen Opern weisen Akkorde der Posaunen und stereotyper Lärm des Schlagwerks zunächst scheinbar keinen Bezug zur Handlung auf. Schaut und hört man genauer hin, verbirgt sich aber in der Aufforderung zum Stillhalten in den vier genannten Beispielen eben doch eine Verbindung zum Drama auf der Bühne.

Die Posaunenakkorde in Mozarts Ouvertüre verweisen auf die rituelle Prüfungsszene am Ende der Oper. Die Trommelwirbel in *La gazza ladra* stimmen das Publikum darauf ein, dass der Vater der Protagonistin ein Soldat ist. Er ist gerade aus den napoleonischen Kriegen, dem über zehn Jahre dauernden europaweiten Waffengang, nach Hause zurückgekehrt. Bei der Uraufführung an der Mailänder Scala wurden diese Wirbel von Militärmusikern aus der Landgrafschaft Hessen-Homburg getrommelt. Das Publikum der Uraufführung in Mailand hörte also etwas, was ihm aus seiner alltäglichen Klangwelt vertraut war. Denn sicherlich war dieses Infanterie-Regiment auch für die Wache vor dem Palast des Vizekönigs abgestellt – in unmittelbarer Nähe zum Dom und zum Teatro alla Scala. Mit den eröffnenden Trommelwirbeln schlägt Rossini also eine akustische Brücke von der Lebenswirklichkeit der Stadt Mailand zur Fiktion eines Dramas in „einem wohlhabenden Dorf unweit von Paris".

Der Paukenwirbel im Vorspiel zu Meyerbeers *Les huguenots* ruft hingegen klangliche Konventionen des Trauermarschs auf. Er stimmt somit – zumal mit dem Unheil dräuenden Crescendo und Decrescendo – auf das Massaker am Ende des fünften Aktes ein: die Vergegenwärtigung der sogenannten „Bartholomäusnacht" im Jahre 1572. Im viel kürzeren, weniger als eine Minute dauerndem Vorspiel zu Verdis *Il trovatore* beziehen sich die ersten gesungenen Worte dagegen nicht nur auf die Bühnensituation, sondern genauso auf das Publikum. Ferrando, der Hauptmann der Wachsoldaten ruft zweimal: „All'erta!" („Habt Acht!"). Die Szenenanweisung erklärt, warum. Im Innenhof eines Palasts in Saragossa soll das Gesinde des Grafen seiner Erzählung lauschen. Der Text der Szenenanweisung spricht zwar nur von den Zuhörern auf der Bühne, doch dürfen wir diese Aussage auch auf das Publikum im Opernhaus beziehen: Die Zuhörenden sind „vicini ad assopirsi", „kurz davor einzunicken".

In seltenen Fällen – zum Beispiel in Rossinis *Mosè in Egitto* (1818) und in dessen *Il viaggio a Reims* (1825) – öffnete sich der Vorhang sogar ohne ein solches „Preludio" nach wenigen Takten unmittelbar mit der Musik, die die erste Szene begleitet. Auch an solchen Beispielen zeigt sich, dass die Ouvertüre zum Auslaufmodell geworden war. Die Konvention einer längeren Eröffnungsmusik entsprach nicht mehr den Ansprüchen an dramaturgische Stringenz und Prägnanz, die sich mit der Vorherrschaft der sogenannten „Romantik" und vor allem dem Augenmerk auf das „Charakteristische" durchgesetzt hatten. Insofern überrascht es, dass die überkommene Form als eigenständige, in sich geschlossene symphonische Komposition noch bis ins 20. Jahrhundert weiterleben konnte. Das hatte nicht nur mit dem Festhalten an liebgewordenen Gewohnheiten zu tun. Vielmehr standen die neuen dramaturgischen Forderungen in einem Spannungsverhältnis zu den ungeahnten Möglichkeiten symphonischen Komponierens, die in der Nachfolge Beethovens entwickelt wurden, insbesondere mit einer immer farbigeren Instrumentation. Es ist also sehr begreiflich, dass viele Tonsetzer diese Neuerungen auch auf instrumentale Musik im Opernhaus übertragen wollten. Überdies wirkten neue Genres symphonischer Musik in nachhaltiger Weise auf die Gestaltung von Ouvertüren und Vorspielen in der Oper. Nachdem sich bereits am Beginn des 19. Jahrhunderts die für den Konzertsaal bestimmte Ouvertüre als eigene Untergattung etabliert hatte, sollte später auch noch die Symphonische Dichtung als neue Variante hinzukommen.

Dieses Knäuel an widersprüchlichen Interessen und gegenläufigen Tendenzen lässt sich in der alles andere als geradlinigen Entwicklung des Komponisten Verdi nachverfolgen. Der 1813 geborene Norditaliener eröffnete nach 1850 seine Opern in der Regel mit einem knappen „Preludio", wie hier bereits an *Rigoletto* (1851) und *Il trovatore* (1853) verdeutlicht wurde. Nach der Jahrhundertmitte schrieb er nur noch für drei Bühnenwerke ausgewachsene Ouvertüren: für *Les vêpres siciliennes* (Paris 1855), für die Neufassung von *La forza del destino* (Mailand 1869) und nachträglich für *Aida* mit Blick auf die europäische Erstaufführung in Mailand 1872. Allerdings wurden nur die beiden ersten zu Verdis Lebzeiten tatsächlich gespielt, die *Aida*-Ouvertüre zog er noch während der Proben wieder zurück. Mit der symphonischen Ouvertüre zu *La forza del destino* hatte er dagegen das kurze „Preludio" der ersten Fassung von 1862 ersetzt. In seinen letzten beiden Opern *Otello* (1887) und *Falstaff* (1893) öffnet sich der Vorhang dann ohne jedes Vorspiel, nach wenigen Takten der Musik, welche die erste Szene begleiten wird. (Bei dem 2003 auf dem Tonträger *Verdi Discoveries* verewigten „Preludio" zu *Otello* handelt es sich dagegen um die plumpe Fälschung eines unbekannten Arrangeurs.)

Das Nebeneinander zwischen längeren und kürzeren Varianten der instrumentalen Eröffnung bei Verdi und vielen seiner Zeitgenossen irritiert. Die wenigen großen Ouvertüren mögen dem Wunsch nach besonders prachtvoller Repräsentation geschuldet sein. Dies zeigt sich nicht nur in *Les vêpres siciliennes*, *La forza del destino* und *Aida*, sondern auch bei anderen Komponisten des 19. Jahrhunderts. Donizetti hatte 1838 für die Pariser Erstaufführung seines *Roberto Devereux* vierzehn Monate nach dessen Uraufführung eine Ouvertüre nachkomponiert, in der er die britische Königshymne „God save the Queen" ertönen lässt. Dennoch verzichtete er nicht auf die kurze instrumentale Einleitung, mit der er die Oper 1837 in Neapel eröffnet hatte. Sie wird in der Neufassung im Anschluss an die Ouvertüre gespielt. In diesem Ausnahmefall folgen also in einer gleichsam tautologischen Lösung Ouvertüre und „Vorspiel" aufeinander.

Meyerbeer dagegen war 1849 überzeugt davon, seine Oper *Le prophète* mit einer umfangreichen (Potpourri-)Ouvertüre eröffnen zu müssen. „Man studierte sie in den letzten Proben, dann ließ man sie als zu rein symphonisch weg; sie wurde durch ein banales Vorspiel von wenigen Takten ersetzt."[6] Zu einer gekürzten Uraufführung der verworfenen Ouvertüre kam es erst im Januar 1866, anderthalb Jahre nach Meyerbeers Tod, die vollständige Fassung wurde erstmals 1991 in Paderborn gespielt. Der aus Berlin stammende Komponist hatte gute Gründe zur Annahme, eine etwa elf Minuten dauernde Musik könnte der Spannung am Beginn des Dramas schaden. So griff er zu einer radikalen Lösung. Er setzte vor den „Chœur pastoral" in g-Moll ein sehr knappes „Prélude", dessen 21 Takte genau eine halbe Minute beanspruchen. Zunächst markieren die Pauken, dann die Bässe einen Orgelpunkt auf dem Ton *d*, der später zu einem D-Dur-Akkord aufgefüllt wird. Ab T. 13 tritt dann die Septime *c* hinzu, womit der letzte Zweifel ausgeräumt ist, dass wir es hier mit der musikalischen Entsprechung eines „Vorhangs" zu tun haben. So wie ein Vorhang die Erwartung auslöst, geöffnet zu werden, verlangt der Dominantseptakkord zwingend die Auflösung in die Tonika, die hier mit dem Beginn der ersten Nummer vollzogen wird. Auf Melodik hat Meyerbeer konsequent verzichtet, ganz ähnlich wie übrigens schon Weber im dominantischen A-Dur-Beginn vor dem Eröffnungschor seines *Freischütz*, dort allerdings erst nach der eigentlichen Ouvertüre.

So macht am Ende auch Meyerbeers dritte Partitur für die Pariser Opéra keine Ausnahme von der nach 1830 vorherrschenden Konvention eines kurzen Vorspiels. Der damals führende Opernkomponist hatte genau diese Lösung auch für *Robert-le-diable* (1831), für *Les huguenots*, aber auch schon für seine letzte italienische Oper *Il crociato in Egitto* (Venedig 1824) gewählt; dort übrigens mit einer pantomimischen Aktion vor dem anschließenden Eröffnungschor. Eine neue Qualität weist *Le prophète* nur insofern auf, als das Vorspiel mit seinem D-Dur-Dominantseptakkord extrem kurz ausfällt und keinen einzigen melodischen Gedanken exponiert.

Rossinis Unwetter

Es liegt nahe, Meyerbeers Vorgehen mit demjenigen seines berühmtesten Zeitgenossen zu vergleichen, der kurz zuvor ebenfalls aus Italien nach Paris gekommen war. Für die ersten drei von Rossinis fünf Pariser Opern ergibt sich folgendes Bild: *Il viaggio a Reims* (1825) beginnt unmittelbar mit einer „Introduction", die in einen Eröffnungschor mündet, in *Le siège de Corinthe* (1826) prägt eine umfangreiche Ouvertüre keinen direkten Bezug zur anschließenden Oper aus, auch *Moïse* (1827) setzt mit einer als „Ouverture" bezeichneten Instrumentalkomposition ein. Diese wird nach einem langsamen Satz mit einem Allegro fortgesetzt, das der üblichen Sonatensatzform zu folgen scheint. Aber noch vor der Modulation zur fünften Stufe in der Exposition dieses Allegro kommt die Ouvertüre zu einem plötzlichen Ende. Die Grundtonart F-Dur wird mit einer machtvollen Schlusskadenz bekräftigt, dann überraschend nach f-Moll umgedeutet, der Tonart des unmittelbar anschließenden ersten Chors. Wann sich der Vorhang für dieses Drama um die Flucht der Israeliten aus Ägypten öffnen soll, geht aus den überlieferten Quellen nicht hervor. Das anlässlich der Pariser Uraufführung gedruckte Inszenierungsbuch lässt vermuten, dass dies schon vor der Schlusskadenz dieser kurzen Ouvertüre geschehen sollte.

Die für italienische Theater komponierten Opern Rossinis, immerhin fast drei Dutzend, beginnen dagegen in der Regel mit einer umfangreichen Ouvertüre, deren schneller Satz – wie in Italien damals üblich – dem Muster einer vereinfachten Sonatensatzform ohne Durchführungsabschnitt folgt. Ein Bezug zum anschließenden Drama wird dabei nicht ausgeprägt, die Ouvertüren waren im Wortsinn austauschbar. Tatsächlich sollte Rossini die Sinfonia zur tragischen Oper *Aureliano in Palmira* (Mailand 1813) sowohl für *Elisabetta, regina d'Inghilterra* (Neapel 1815) wie für *Almaviva, ossia L'inutile precauzione* (Rom 1816) wiederverwenden, also nicht nur für eine tragische, sondern auch für seine erfolgreichste komische Oper: Unter dem Titel *Il barbiere di Siviglia* gehört der erwähnte *Almaviva* seit Rossinis Lebzeiten zum Kernrepertoire aller Opernhäuser der Welt.

Unter den 34 in Italien komponierten Opern Rossinis finden sich nur sechs Ausnahmen von der Regel. Deren Mehrheit, insgesamt vier – sowie die später noch zu besprechende Ouvertüre zu *Ermione* – betreffen Kompositionsaufträge für das königliche Opernhaus von Neapel. Das ist insofern nicht überraschend, weil das wichtigste Theater der damals größten Stadt Italiens am Beginn des 19. Jahrhunderts eine Sonderrolle spielte. Die überkommenen italienischen Konventionen waren dort während der Herrschaft der von Napoleon eingesetzten Könige zurückgedrängt worden. Zwischen 1806 und 1815 hatten zunächst Napoleons Bruder Joseph, dann dessen Schwager Joachim Murat für den Import mancher Eigenart der französischen Oper gesorgt. Doch zunächst zu Rossinis erster Ausnahme von der standardisierten italienischen Ouvertüre: In *L'occasione fa il ladro* (Venedig 1812) endet die Sinfonia mit einem Halbschluss auf der fünften Stufe und erlaubt so einen unmittelbaren Übergang in die erste Szene. In vier seiner neapolitanischen Opern, in *Mosè in Egitto* (1818), in *La donna del lago* (1819), in *Maometto II* (1820) und in *Zelmira* (1822) experimentiert Rossini mit mehr oder weniger kurzen „Introduzioni", am kürzesten – mit nur sechs Takten, die im Unisono den Ton *c* intonieren – übrigens in *Mosè in Egitto*, einer Oper, die auch an dieser Stelle erheblich von der späteren französischen Neufassung unter dem Titel *Moïse* abweicht.

In seiner vorletzten, für Paris komponierten Oper *Le comte Ory* (1828) erscheint die Eröffnungsmusik ebenfalls radikal verkürzt. In frühen Druckausgaben wird sie als „Prélude" bezeichnet. Zwei Fortissimo-Schläge des Orchesters skandieren einen Sekundakkord als Dominante zu G-Dur. Dagegen umspielen die anschließenden Pianissimi der Streicher, dann der Holzbläser e-Moll. Nach fünf Takten nochmals fast dasselbe: im Fortissimo ein verminderter Septakkord und daran anschließend ein Dominantseptakkord auf A. Somit scheint D-Dur etabliert, doch weichen die Hörner gleich nach dem ersten D-Dur-Akkord über h-Moll nach Fis-Dur aus. Rossini erweckt den Eindruck, als sei er immer noch auf der Suche nach der Tonart, bevor er wenig später mit einem machtvollen Fortissimo jeden Zweifel wegwischt: Das Orchester-Tutti intoniert in D-Dur die traditionelle, vermutlich aus dem 18. Jahrhundert stammende Melodie der Ballade vom Herzog Ory.

Ein Jahr später, bei der Uraufführung von Rossinis letzter Oper *Guillaume Tell* (1829), erklang dann eine der längsten Ouvertüren des Repertoires und vielleicht auch eine der schönsten, mit insgesamt vier Sätzen. Einem langsamen Pastorale und dem abschließenden Geschwindmarsch in E-Dur hat der Komponist eine melancholische Einleitung in e-Moll und eine aufpeitschende Gewittermusik vorangestellt. In den eröffnenden Takten sind die Violoncelli auf nicht weniger als sieben Notensysteme aufgeteilt. Neben fünf solistischen Violoncelli des Orchesters sind auch die verbleibenden Tutti-Violoncelli in zwei Gruppen aufgespalten. Das erste Solo-Violoncello wird bis in die höchste Lage geführt. In seiner anrührenden Melodie überrascht mehrfach der Wechsel von Moll nach Dur, bevor am Ende des Eröffnungsteils Paukenwirbel das folgende Gewitter ankündigen. Bei diesem zweiten Satz, einem Allegro, das im vierten Akt eine pantomimische Handlung während eines Gewittersturms begleiten wird, handelt es sich um die einzige Passage der Ouvertüre, die in der Oper wiederkehrt. Wirklich? Für eine knapp zwei Jahre nach der Uraufführung eingerichtete Kurzfassung in nur drei Akten hat Rossini den abschließenden Geschwindmarsch zur Grundlage eines triumphalen Schlusschors („Des bois, des monts, de la cité") gemacht – ein seltenes Beispiel für die nachträgliche Verwendung musikalischer Gedanken aus einer Ouvertüre in der eigentlichen Oper.

Glöckchen und Schüsse

Um nach diesem prominenten Gegenbeispiel auf die wichtigste Entwicklung in der Geschichte der Opern-Ouvertüre, nämlich deren Verdrängung durch kurze Orchestervorspiele zurückzukommen, lohnt der Blick auf einen komischen Einakter Donizettis. Denn hier zeigt sich die seit 1830 vorherrschende Tendenz im Extrem, für die sich übrigens schon in den 1770er-Jahren ferne Vorläufer finden lassen: in Georg Anton Bendas *Ariadne auf Naxos* (Gotha 1775) und *Medea* (Leipzig 1775), zwei damals sehr erfolgreichen Einaktern für Sprechstimmen und Orchester. Die „Introduzione" zu Donizettis *Il campanello* (Neapel 1836) ist noch radikaler verknappt als ein gutes Jahrzehnt später Meyerbeers lakonisches Vorspiel zu *Le prophète*. Der Komponist braucht nur zehn Takte, um einen Dominantseptakkord auf D vor dem Eröffnungschor in G-Dur zu exponieren. Ähnlich wie bei Meyerbeer sucht man vergebens irgendeinen Ansatz melodischer Erfindung. Nichtsdestoweniger ist der inhaltliche Bezug zum nachfolgenden Drama unüberhörbar: Im zweiten, vierten und sechsten Takt des kurzen Vorspiels hat der Schlagzeuger auf dem Dominantton d''' die Nachtglocke des Apothekers zu läuten, die der Oper den Namen gegeben hat.

Wenige Jahre später ging ein anderer Komponist noch einen Schritt weiter auf dem Weg, ein für die Handlung entscheidendes Ereignis auf seinen kleinsten akustischen Nenner zu reduzieren, wenn auch diesmal eingebunden in eine ausgewachsene Ouvertüre. Wie schon in Dalayracs *Azémia, ou Le nouveau Robinson* aus dem Jahre 1786 steht auch in Albert Lortzings *Der Wildschütz* (Leipzig 1842) ein Schuss für die Störung der „Ordnung". Trotzdem unterscheiden sich Dalayracs und Lortzings Ouvertüren in wesentlichen Aspekten. In der Pariser Oper sieht das Publikum den Schuss der Engländer als Teil einer umfänglichen Pantomime bei geöffnetem Vorhang. Im *Wildschütz* kann es den Schuss eines Wilderers nur hören, denn die im Ganzen recht konventionelle Ouvertüre wird bei geschlossenem Vorhang gespielt. Bei Dalayrac bleibt völlig unklar, an welcher Stelle des musikalischen Ablaufs der Schuss ertönen soll. Die Szenenanweisung in der Partitur lässt vermuten, dass es darauf gar nicht ankam, man sich möglicherweise sogar mit dem visuellen Ereignis zufriedengab. In Lortzings Oper dagegen ist die Szenenanweisung „Auf der Bühne fällt ein Schuß" präzise einer Unterbrechung des musikalischen Ablaufs zugewiesen: nach einem Dominantseptakkord, wobei der Grundton des Akkords von einem Teil der Streicher im Tremolo weiter ausgehalten wird. Der unsichtbare Schuss in Lortzings Oper ist somit in der sehr langen Ouvertüre kaum mehr als ein koloristisches Element, der nicht primär hörbare Schuss bei Dalayrac dagegen Teil der allmählichen Entfaltung der Handlung.

Es ist äußerst unwahrscheinlich, dass Lortzing die längst vergessene Oper Dalayracs kannte. Dagegen gehörte *Der Wildschütz* noch um 1900 zum Kernrepertoire deutschsprachiger Opernhäuser. Wenn der Berliner Kapellmeister Ferdinand Hummel 1893 in der Ouvertüre zu seiner Oper *Mara* einen Schuss „hinter der Scene" abfeuern ließ, besteht somit nicht der geringste Zweifel an der Abhängigkeit von Lortzings Modell. Dabei geht es in Hummels Einakter nicht um Komisches, sondern um Blutrache im Kaukasus. Bereits die Zeitgenossen schmähten den Komponisten als Konjunkturritter auf der Welle des sogenannten „Verismo". Dazu passt auch die Übersteigerung des Effekts, wenn die Szenenanweisung verlangt, der „Flintenschuß" während einer (diesmal vollständigen) Generalpause solle „ein vielfaches Echo" hervorrufen. Vor allem aber hat der Schuss die Funktion einer Klammer um die blutige Handlung. Wie das Publikum im Fortgang der Oper erfahren wird, hatte der unsichtbare Schuss während der Ouvertüre den Tod des Vaters der Titelheldin im Streit mit ihrem Ehemann markiert. Am Ende der Oper wird Mara – zu erregten Orchesterklängen in derselben Tonart e-Moll – ihren Mann erschießen, um ihm die Schmach zu ersparen, von seinen Rächern in den sicheren Tod gestoßen zu werden. Mit dieser Pantomime kommt die Oper zu ihrem tragischen Ende, anschließend bricht Mara verzweifelt zusammen.

Dieses Bühnenwerk wäre als epigonales Ereignis kaum der Rede wert, hätte nicht ein Kritiker der Prager Erstaufführung diese Ouvertüre mit launigen Worten als Effekthascherei denunziert: „Der Knalleffect legt die Maske der Metapher ab und kommt in nakter Wirklichkeit einhergegangen. Sollte man nicht nächstens Raketen für zündende Wirkungen benützen, Peitschen für die ‚Schlager‘, Explosionen für die Erschütterungen, Dynamit für die Bombeneffekte [...] und effective Stricke, um das Publikum zu fesseln?"[7]

Jedenfalls muss der „Knalleffect" selbst für ein an Lortzing gewöhntes Publikum ohrenbetäubend gewesen sein. Als Hummels Oper am 18. August 1898 am Neuen deutschen Theater in Prag „zur Feier des Allerhöchsten Geburtstagsfestes" von Kaiser Franz Joseph gegeben wurde, war auf dem Abendplakat ein Warnhinweis zu lesen, der den beabsichtigten Überraschungseffekt ruinierte: „Das geehrte Publicum wird darauf aufmerksam gemacht, daß während der Ouverture zu ‚Mara‘ in der Generalpause bei geschlossenem Vorhang ein Schuß fällt."[8]

Von einer sehr viel bedeutenderen Oper sind solche Vorsichtsmaßnahmen nicht bekannt. Zwar hatte Jules Massenet bei der Komposition eines symphonischen Intermezzos vor dem letzten Bild seines *Werther* darauf verzichtet, den Selbstmord des Titelhelden durch den Lärm eines Schusses zu vergegenwärtigen. Trotzdem war es nach der Wiener Uraufführung im Februar 1892 – zumindest in Deutschland – offenbar gängige Praxis, einen „Pistolenschuss im Orchester bei geschlossenem Vorhange" ertönen zu lassen. Überliefert ist der Hinweis auf eine als „trivial" getadelte Verknüpfung eines Instrumentalstücks mit der anschließend entfalteten Bühnenhandlung in der Polemik eines Kritikers gegen Massenets Meisterwerk, der hier einen „auf oberflächlichsten Effekt berechnet[en]" Kunstgriff sah.[9]

Überbordende Energie

Die Ouvertüre zu Rossinis *Guillaume Tell* erfreut sich noch heute großer Beliebtheit, obwohl die zugehörige Oper eher selten aufgeführt wird – wenn überhaupt, dann fast immer erheblich gekürzt. Noch ärger hat die Rezeptionsgeschichte Bühnenwerken mitgespielt, deren Titel wir nur noch wegen ihrer Ouvertüren kennen, während die Partituren als ganze längst vergessen sind. Warum hat dieses Schicksal vor allem Opern mit Potpourri-Ouvertüren getroffen? Möglicherweise wegen des konstruktiven Grundprinzips solcher Kompositionen. Sie bieten vieles, nicht zuletzt einem unkonzentrierten Zuhören: Webers *Euryanthe*, Hérolds *Zampa*,

Glinkas *Ruslan i Ludmila*, Nicolais *Die lustigen Weiber von Windsor*, Suppès *Leichte Kavallerie*. Gewiss: Gelegentlich erscheinen *Euryanthe* oder *Die lustigen Weiber von Windsor* auf der Bühne, neuerdings vielleicht sogar wieder häufiger. Aber wer kennt von *Zampa* oder der *Leichten Kavallerie* auch nur einen Takt, der nicht in der Ouvertüre vorkommt?

Diese beiden Eröffnungsmusiken setzen eine Energie frei, die bis heute fasziniert. Der anhaltende Erfolg der beiden Stücke lässt sich nur durch den überbordenden Schwung der mitreißenden Melodien erklären, die bei Hérold 1832 den eröffnenden Abschnitt, bei Suppè 1866 den Schlussteil der Ouvertüre auszeichnen. Dabei hat die akademische Musikgeschichtsschreibung sowohl Hérold wie Suppè der zweiten, wenn nicht gar der dritten Reihe der Komponisten zugewiesen. Zu Lebzeiten erfreuten sich beide einer gewissen Popularität. Ferdinand Hérold, 1791 in Paris als Sohn eines Musikers aus dem Elsass geboren, hatte Erfahrungen im italienischen wie im deutschen Sprachraum gesammelt. Nach der Auszeichnung mit dem Rom-Preis der französischen Regierung verbrachte er ein knappes Jahr in der Stadt des (verjagten) Papstes und reüssierte dann in Neapel, wo ihn der König von Napoleons Gnaden als privaten Musiklehrer seiner Töchter engagiert hatte. Noch vor der Rückkehr der „legitimen" Bourbonen-Herrscher reiste er über Venedig nach Wien, wo er sich mit dem dortigen Repertoire vertraut machte und besonders für Mozarts Opern begeisterte. Seit 1816 war er am Pariser Théâtre-Italien tätig, später dann als „chef de chant" an der Opéra. *Zampa* und ein knappes Jahr später – kurz vor seinem frühen Tod im Januar 1833 – *Le pré aux clercs* bedeuteten seine größten Erfolge; sie waren bis ins frühe 20. Jahrhundert Grundpfeiler des Repertoires der Pariser Opéra-Comique mit Hunderten von Aufführungen.

Die Ouvertüre zu *Zampa* beginnt mit einem Allegro vivace, das den Chor im Finale des ersten Aktes vorwegnimmt. Dort sehen wir den Titelhelden mit seinen Kumpanen in zügelloser Feierlaune: „Au plaisir, à la folie, | Consacrons tous nos instans: | Le plaisir, dans cette vie | Fuit sur les ailes du Temps." („Dem Vergnügen, dem Rausch lasst uns alle unsere Augenblicke widmen: Das Vergnügen flieht in diesem Leben auf den Flügeln der Zeit.") Dabei geht es um Lustbarkeiten, die sich das bürgerliche Publikum der Pariser Opéra-Comique erträumt haben mag, obgleich sie gewiss nicht seinen Moralvorstellungen entsprachen. Zampa wird sein zügelloses Leben in der Hölle büßen. In einer offensichtlich Mozarts *Don Giovanni* nachempfundenen Szene ereilt den Wüstling die Strafe überirdischer Mächte.

Etwas von seiner Zügellosigkeit ist bereits in den Versen des Chors zu spüren, dessen Melodie die Ouvertüre eröffnet. Als Metrum hat der

Librettist den im französischen Opernlibretto selten verwendeten, da mit sieben Silben ungeraden „heptasyllabe" gewählt. Gleichmaß wird hier gerade nicht angestrebt, eher ungehemmte Ausgelassenheit, deshalb die holprigen Verse. Holpriges zeigt sich auch in der mitreißenden und gleichzeitig merkwürdig ziellosen Melodie Hérolds. Sie beginnt völlig überstürzt mit drei kurzen Tönen, die von der Oktave des Grundtons zu dessen Terz aufsteigen. Auf dem Taktschwerpunkt des zweiten Taktes stürzt die Melodie bis zur Unterterz, also der sechsten Stufe ab, bevor sie Hérold im dritten Takt nach Moll eintrübt, besonders deutlich durch die Verwendung eines *dis*, des Leittons zu e-Moll, in den Violinen. Im Rausch des überstürzten Tempos fällt kaum auf, dass die Zacken der Melodie mal aufwärts, mal abwärts weisen. Sogar der Zielton der ersten vier Takte, die fünfte Stufe mit ihrer Öffnung zur Dominante, liegt tiefer als der erste Ton, wird aber sofort mit einem Sprung in die Quinte und die Oktav der Dominante „korrigiert". Hérold hat dafür eigens die in der Textvorlage nicht vorgesehenen Worte „Oui, tous" („Ja, alle") ergänzt.

Notenbeispiel Hérold, *Zampa*, Acte I, Final, T. 202–205

Mitten im Finale des ersten Aktes bewegt sich auf einmal eine Statue, als sei sie lebendig: das Grabmal einer von Zampa verlassenen (und verstorbenen) Frau. Im Angesicht dieses Spuks erstarren Zampas Kumpanen vor Angst, nur der Titelheld ist so kaltblütig, die Melodie ein weiteres Mal „durchzuziehen". Der Chor unterbricht dagegen die D-Dur-Melodie nach jeder Phrase mit einem dissonanten *b*. Als gewiefter Dramatiker nimmt Hérold diesen Effekt in der Ouvertüre nicht vorweg. Gleichwohl lässt er ihn versteckt aufscheinen. Denn auch in der Ouvertüre spielt der leiterfremde Ton *b* eine entscheidende Rolle: Am Ende der Exposition der zündenden Melodie führt er die machtvolle Schlusskadenz in einen Trugschluss. Im dreifachen Fortissimo erklingt unisono der Ton *b*, der – nach einem verminderten Septakkord im dreifachen Pianissimo – gleich nochmals wiederholt wird.

Mit diesem „Schnitt" akzentuiert Hérold bereits in der Ouvertüre die strukturelle Bedeutung des tonalen Gegensatzes von *d* und *b*. Auch im dritten Element dieses Potpourris, der Ballade Camilles aus dem ersten Akt, klingt dieser Gegensatz an. Die Ballade steht in B-Dur, in der Ouvertüre ebenso wie in der Oper selbst. Sie repräsentiert also einen Gegenpol zu Zampas präpotentem Auftreten. Die Polarität von D-Dur und B-Dur erscheint somit als „Achse" der Exposition, mit guten Gründen wird sie bereits in der Ouvertüre hörbar gemacht. Vermutlich hätte ein Berlioz diesen Kontrast radikaler in Szene gesetzt als mit solchen, eher subtilen Mitteln der tonalen Organisation. Jedenfalls schimpfte er 1835, zwei Jahre nach Hérolds Tod, in seiner Kritik, diese „Ouvertüre" scheine ihm „in der Form wie im Inhalt schlecht", sie sei „un pot-pourri et non une ouverture".[10]

Im Vergleich zu Hérolds (verkannten) musikdramaturgischen Finessen erscheint Franz von Suppès Ouvertüre zur *Leichten Kavallerie* eher grobschlächtig. Das dürfte auch mit der musikalischen Sozialisation des aus Dalmatien stammenden Komponisten zu tun haben. Militärmusik hat sicher zu den prägenden Erfahrungen in dessen Jugendjahren gehört. Franz von Suppè kam 1819 in Spalato/Split zur Welt, einer damals österreichisch regierten Stadt, in der vor allem Kroatisch gesprochen wurde, während ein wesentlicher Teil der Funktionseliten bis zum Ende des Zweiten Weltkriegs der italienischen Sprache verbunden blieb – genauso wie in Zara/Zadar, wohin die Familie wenige Monate nach Suppès Geburt übersiedeln sollte. Der Vater, dessen Familie nicht – wie oft behauptet – aus dem heutigen Belgien stammte, sondern aus dem ostadriatischen Küstenland, konnte dort eine Stelle als Kreisamts-Sekretär antreten; bei seinem ungewöhnlichen Namen handelt es sich sehr wahrscheinlich um die italianisierte Form eines südslawischen Familiennamens. Nach dessen frühem Tod übersiedelte der spätere Komponist nach Wien, in die Heimatstadt seiner Mutter, wo er Karriere machen sollte.

Streng genommen handelt es sich bei der Ouvertüre zur *Leichten Kavallerie* gar nicht um eine Potpourri-Ouvertüre. Wenn wir die vier dort präsentierten Melodien betrachten, müssen wir feststellen, dass nur eine einzige in der anschließenden Operette wiederkehrt. Die Trompetenfanfaren des Beginns und der nicht minder einprägsame, gleich zweimal intonierte Geschwindmarsch im 2/4-Takt sind dagegen allein der Eröffnungsmusik vorbehalten. Suppès erfolgreichste Komposition beginnt wie Hérolds Ouvertüre mit einer Dreiton-Bewegung, die von der Oktave des Grundtons in die Terz aufsteigt. Eine Allerweltsfloskel, gewiss. Und gleichwohl eine musikalische Idee, die mit ihrer überstürzten Bewegung frenetisches Vorwärtsdrängen generieren kann. Genau dies, von Berlioz in die Formel „einer gewissen wilden Energie" gefasst, dürfte diesen beiden Ouvertüren ihren bis heute anhaltenden Erfolg gesichert haben (siehe Abb. 1).

Abb. 1 Der Umschlagtitel eines Arrangements der Ouvertüre zu Hérolds *Zampa* aus dem Jahre 1910 lässt den kommerziellen Erfolg von Klavierauszügen populärer Opern-Ouvertüren in Zeiten erkennen, als technisch reproduzierte Musikaufnahmen aufgrund ihrer hohen Preise nur für eine sehr kleine, finanzkräftige Minderheit erschwinglich waren

Vorspiele als Warenmuster

Es wäre verlockend, weitere Ouvertüren aus dem 19. und frühen 20. Jahrhundert in den Blick zu nehmen, die aufgrund ihrer musikalischen Qualitäten eine genauere Betrachtung verdienten. Denn auch nach der Durchsetzung des neuen Standards einer kurzen Einleitung in Form eines „Preludio" oder einer „Introduction" wurden noch in großer Zahl umfangreiche Ouvertüren komponiert, die bei geschlossenem Vorhang erklangen (siehe Abb. 2). Wesentliche Facetten fügen sie der hier umrissenen Entwicklung nicht hinzu. Mit einer gewichtigen Ausnahme: Richard Wagner etikettierte seine Eröffnungsmusiken in den Notendrucken auch dann als „Vorspiele", wenn sie einen Umfang erreichten, der über den der meisten Ouvertüren hinausgeht. Die Vorspiele zu *Tristan und Isolde* (München 1865) sowie zu *Die Meistersinger von Nürnberg* (München 1868) dauern auf verfügbaren Tonaufnahmen zwischen neun und zwölf Minuten, dasjenige zu *Parsifal* (Bayreuth 1882) sogar zwischen dreizehn und sechzehn Minuten. Und um an dieser Stelle bereits auf das mittlere 20. Jahrhundert vorzugreifen: Ein sehr später Ausläufer dieses Sonderwegs begegnet noch 1938 in Paul Hindemiths ausdrücklich als „Vorspiel. Engelskonzert" bezeichneter, in sich geschlossener und etwa zehn Minuten dauernder Orchestereinleitung zu *Mathis der Maler*.

Wagners „Vorspiele" gehen bruchlos in die jeweils erste Szene des ersten Aufzugs über. Dies würde eine von der Oper losgelöste Aufführung ausschließen, wenn der Komponist nicht in allen drei Fällen alternative „Konzertschlüsse" vorbereitet hätte, und zwar schon vor dem Abschluss der Arbeit an der eigentlichen Opernpartitur. Im Gegensatz zur Tradition und in Abkehr von seiner eigenen Praxis vor 1850 waren diese Vorspiele „jeweils das erste", was Wagner von „diesen Opern komponiert" hatte – „das Vorspiel als Steinbruch gleichsam für den Bau der Oper".[11]

In allen drei Fällen stellte der Komponist diese Vorspiele mit ihrem Konzertschluss bereits lange vor der Uraufführung der jeweiligen Oper öffentlich vor: das „Tristan-Vorspiel" am 25. Januar, 1. und 8. Februar 1860 in Paris, im Théâtre-Italien, also ausgerechnet am Rückzugsort der Anhänger der guten alten italienischen Gesangsoper. In Wagners Schaffen erhält damit die Ouvertüre eine bis anhin nicht bekannte Funktion, die auf ihre Weise in das Drama einführt: diejenige eines Warenmusters, das als Trailer für eine Aufführung der ganzen Oper werben sollte. Denn 1860 stand es noch in den Sternen, ob *Tristan* oder *Die Meistersinger* je auf die Bühne gelangen könnten.

Abb. 2 Auf dem Hauptvorhang des 1825 eröffneten Neubaus des Münchner Hof- und Nationaltheaters wurde – wie schon im 1823 nach nur fünf Jahren abgebrannten Vorgängerbau – von Simon Klotz die Allegorie der Morgenröte in Szene gesetzt. An der Seite von Aurora zieht ein Cherub als Fackelträger seinen Weg, Personifizierungen der Stunden und Apollo auf einem vierspännigen Wagen folgen. Die anonyme Lithographie wurde seit 1855 vom Münchner Musikverlag Josef Aibl auf den Titelblättern von Klavierarrangements populärer Opern (*L'écho de l'opéra*) gedruckt. – Nicht von ungefähr lässt der Vorhang an barocke Vorbilder denken. Es handelt sich um eine Replik des von Guido Reni 1614 vollendeten Deckenfreskos in einem Saal des Palazzo Pallavicini Rospigliosi in Rom, eines im 19. Jahrhundert emphatisch rezipierten Gemäldes. Auch am Beginn und am Ende der von König Ludwig II. in Auftrag gegebenen „Mustervorstellungen" von Werken Richard Wagners wurde dieser Vorhang selbstverständlich eingesetzt. Deutlich zu erkennen ist überdies, dass auch nach der Neugestaltung des Zuschauerraums von 1854 der Orchesterbereich noch nicht als Graben abgesenkt ist. So ragen die Hälse der Kontrabässe in das Blickfeld aus dem Parkett auf die Bühne hinein und erschweren für diesen Teil des Publikums die theatralische Illusion

Dabei hatte Wagner wenige Monate vor den Pariser Konzerten mit dem „Tristan-Vorspiel" die Idee noch schroff zurückgewiesen, diese Einleitung vom Bühnenwerk zu isolieren. Am 19. Dezember 1859 schrieb er Mathilde Wesendonck:

> „Sie wissen, Hans [von Bülow] wollte vorigen Winter das Vorspiel zu Tristan aufführen, und bat mich, einen Schluss dazu zu machen. Mir wäre damals nichts eingefallen: es schien mir so unmöglich, dass ich es gradesweges abwies. Seitdem habe ich denn nun den dritten Act geschrieben und den vollen Schluss des Ganzen gefunden: diesen Schluss als dämmernde Ahnung der Erlösung im Voraus zu zeigen, fiel mir nun ein, als ich ein Programm zu einem Konzert in Paris entwarf, das mich besonders deshalb reizte, weil ich mir darin das Tristan-Vorspiel zu Gehör bringen wollte. Das ist denn nun ganz vortrefflich gelungen, und diesen geheimnissvoll beruhigenden Schluss schicke ich Ihnen heute zum Geburtstag als Bestes, was ich geben kann."[12]

Heute ist dieser „geheimnissvoll beruhigende Schluss" in A-Dur kaum noch bekannt.[13] Denn in einem Konzert in Sankt Petersburg am 26. Februar/10. März 1863 hatte Wagner an das Vorspiel in seiner Bühnenfassung, also nach dem fast tonlosen Verlöschen mit zwei Pizzicato-Tönen der Violoncelli und Kontrabässe, unmittelbar die letzten 79 Takte des dritten Aufzugs folgen lassen. Seitdem hat sich im Konzertsaal die Koppelung von „Vorspiel (Liebestod)" und „Schlusssatz (Verklärung)" durchgesetzt, sei es mit oder ohne Isoldes Gesangspartie. In Anlehnung an den Titel von Franz Liszts Klavier-Paraphrase wurde es dann seit dem Ende der 1860er-Jahre gebräuchlich, nicht mehr das Vorspiel, sondern den „Schlusssatz" als „Liebestod" zu bezeichnen. Dabei hatte Wagner eindeutig das Vorspiel mit dem „Liebestod" assoziiert. Anlässlich eines Münchner Konzerts am 11. Dezember 1864 umschrieb er im Programmheft den Gehalt dieser Tondichtung (wie in Sankt Petersburg in der Bühnenfassung) mit folgenden Worten:

> „Von der schüchternsten Klage des unstillbaren Verlangens, vom zartesten Erbeben bis zum furchtbaren Ausbruch des Bekenntnisses hoffnungsloser Liebe, durchschreitet die Empfindung alle Phasen des sieglosen Kampfes gegen die innere Gluth, bis sie, ohnmächtig in sich zurücksinkend, wie im Tode zu verlöschen scheint."[14]

Das „Meistersinger-Vorspiel" mit zwei wie „angeklebt" wirkenden, kurzen Schlussakkorden erklang das erste Mal in einem Gewandhaus-Konzert in Leipzig am 1. November 1862, dasjenige zu *Parsifal* am 12. November 1880 im Münchner Hoftheater in einem Privatkonzert für König Ludwig II. unter dem Motto „Liebe – Glaube: – Hoffen?". Während die anderen beiden Vorspiele sehr frei gestaltet sind, lässt sich „das Vorspiel zu den Meistersingern [...] als Stück in Sonaten[satz]form deuten". In dessen Hauptsatz werden zwei Themen exponiert, „das Thema der Meistersinger" und das sogenannte „König-David-Thema", ein Meistersinger-Ton, den Wagner einer 1697 publizierten Geschichte der Stadt Nürnberg entnommen hatte. Im Seitensatz folgt dann „jene abwärts führende Dreiklangsmelodie, auf die u[nter] a[nderem] im Preislied des dritten Aktes der Text ‚Huldreichster Tag' gesungen wird".[15] Der Abschnitt, den man als Durchführung begreifen kann, „bietet einen Vorausblick auf den Wettbewerb, indem er Walther mit seinem Preislied [...] und Beckmesser mit einer Scherzando-Variante des Meister-Themas [...] gegeneinander ausspielt". Im dritten und letzten Abschnitt schließlich „wird das Meister-Thema im Bass mit Walthers Thema im Sopran kombiniert, was darauf hindeutet, dass Walthers Aufnahme in die Meistersingerzunft das eigentliche Ziel des Dramas ist".[16]

Wagner selbst wollte das ganz anders sehen. Wie so oft schrieb er seinem Werk eine (noch) größere Distanz zur Tradition zu, als es den Tatsachen entsprach. Eine Nähe zur Potpourri-Ouvertüre passte gar nicht zu seinen hochfliegenden Ambitionen. So raunte er am 26. November 1879 seiner Ehefrau Cosima ins Ohr, dieses Vorspiel sei „eigentlich ein Marsch mit einem Trio".[17] Überdies veröffentlichte Wagner anlässlich des bereits erwähnten Münchner Konzerts vom 11. Dezember 1864 auch für diese Komposition ein erläuterndes Programm. Dort war von einem „Marsch" keine Rede, nur von „festlichem Gepränge" und dem mächtigen Erschallen des Rufes „Heil Hans Sachs!". Vor allem firmiert das Stück ausdrücklich als „Ouverture".[18] Dieselbe traditionelle Gattungsbezeichnung sollte Wagner auch wählen, als er sich Ende der 1870er-Jahre bei der Niederschrift seiner Memoiren an die Komposition dieses „Vorspiels" erinnerte.[19]

Für sein Hauptwerk, den *Ring des Nibelungen*, hat Wagner dagegen keinen solchen Trailer vorgesehen – von vornherein war ja klar, dass dieses monumentale Projekt einer Folge von vier Opern nur außerhalb des normalen Musiktheaterbetriebs zu realisieren war. Die nicht als solche bezeichneten Vorspiele zu den vier Teilen der Tetralogie fallen eher kurz aus. Eine gewichtige Ausnahme bildet allein das Vorspiel zur ersten der vier Opern, *Das Rheingold*. Wagner erinnerte sich, dieses Klangbild verdanke sich einer „Art von somnambulem Zustand" beim Auskurieren einer Seekrankheit nach der Überfahrt von Genua nach La Spezia Anfang September 1853.[20] Es sei dahingestellt, ob dieser Schöpfungsmythos mit dem Verweis auf die pittoreske Landschaft Liguriens Glaubwürdigkeit beanspruchen kann. Jedenfalls handelt es sich um eine einzigartige Eröffnungsmusik: 136 Takte, in denen nichts anderes exponiert wird als ein

Es-Dur-Dreiklang. In den ersten vier Takten spielen nur die Kontrabässe den Ton *Es*, in T. 5 treten drei Fagotte mit der Quinte *B* hinzu, in T. 18 erklingt in einer Horn-Partie zum ersten Mal die Terz *g*. Gleichzeitig steigert Wagner allmählich den Bewegungsimpuls, der das „Wogen der Wassertiefe" auf „dem Grunde des Rheines" abbilden soll: zunächst übergebundene ganze Noten, ab T. 17 eine Achtelnote jeweils auf der letzten Zählzeit des 6/8-Taktes, ab T. 49 durchgehende Achtelnoten, ab T. 81 durchgehende Sechzehntelnoten. Ebenfalls in T. 49 führt Wagner zum ersten Mal Durchgangstöne der Es-Dur-Tonleiter ein, die nicht zum Dreiklang gehören, ab T. 129 spielen die Holzbläser dann vollständige Es-Dur-Tonleitern durch mehrere Oktaven. Somit herrscht sogar noch nach dem für T. 126 vorgeschriebenem Aufziehen des Vorhangs der immergleiche Es-Dur-Dreiklang vor (siehe Abb. 3). Er wird

Abb. 3 Mit der Verpflichtung des Wiener Malers Josef Hoffmann für die ersten Bayreuther Festspiele 1876 war Richard Wagner ein Coup gelungen. Hoffmann gehörte nach zahlreichen Arbeiten für die Wiener Hofoper zu den angesehensten Bühnenbildern, die Verschmelzung heroischer und naturalistischer Elemente war sein Markenzeichen. Das von ihm gezeichnete Gemälde reproduziert sein Bühnenbild der ersten Szene von Wagners *Das Rheingold* bei dessen Uraufführung 1876 in Bayreuth

erst mit dem Ton f'' im ersten Einsatz einer Singstimme in T. 137 abgelöst. Nach einer beinahe unendlich scheinenden Exposition der Tonika wird die Subdominante As-Dur zum musikalischen Ereignis. Das fast impressionistisch zu nennende und eng mit der Bühnenhandlung verknüpfte Klangbild beansprucht kaum mehr als vier, jedenfalls weniger als fünf Minuten. Dennoch lässt es eine monumental wirkende epische Breite aufscheinen. Das Vorspiel wirkt viel länger, als es ist, und erfüllt so eine wesentliche Funktion. Das Publikum soll auf vier Abende Theatermusik eingestimmt werden, die insgesamt über fünfzehn Stunden beanspruchen wird.

Nachweise der Zitate

1. Vgl. Klaus Heinrich KOHRS, *Hector Berlioz. Autobiographie als Kunstentwurf*, Frankfurt am Main: Stroemfeld/Roter Stern 2003, S. 163–172.
2. Tomas de YRIARTE, *La música. Poema*, Madrid: Imprenta real de la gazeta 1779, S. 84.
3. C[arl] KLINGEMANN, *Maja und Alpino, oder die bezauberte Rose, Oper in drei Akten von Eduard Gehe, in Musik gesetzt von Joseph Wolfram. Klavierauszug, Dresden und Leipzig bei Arnold*, in: *Berliner allgemeine musikalische Zeitung* 4/37 (12. September 1827), S. 295–297 und 4/38 (19. September 1827), S. [301]–304; hier S. [301].
4. *Encyklopädie der gesammten Musik-Wissenschaft für Künstler, Kunstfreunde und Gebildete*, hrsg. von A[ugust] GATHY, Hamburg: Riemeyer ²1840, S. 344; dieselbe Formulierung auch noch in: A[ugust] GATHY, *Musikalisches Conversations-Lexicon. Encyclopädie der gesammten Musikwissenschaft*, hrsg. von August REISSMANN, Berlin: Simion 1871, S. 287.
5. *Musikalisches Conversations-Lexicon. Encyklopädie der gesammten Musik-Wissenschaft für Künstler, Kunstfreunde und Gebildete*, hrsg. von A[ugust] GATHY, Leipzig/Hamburg/Itzehoe: Schuberth & Niemeyer 1835, S. 285.
6. Johannès WEBER, *Meyerbeer. Notes et souvenirs d'un de ses secrétaires*, Paris: Fischbacher 1898, S. 88.
7. [Anonym], *Prager Wochenrevue*, in: *Montagsblatt aus Böhmen* 16/5 (29. Januar 1894), S. 1 f.; hier S. 2.
8. Anzeige in: *Bohemia* 71/226 (18. August 1898), S. 10.
9. Reinhold Freiherr von Lichtenberg, *Über moderne deutsche und italienische Oper*, in: *Allgemeine Kunst-Chronik. Illustrierte Zeitung für Kunst, Kunstgewerbe, Musik, Theater und Literatur* von 19 (1895), S. 443–445; hier S. 444.
10. H[ector BERLIOZ], *De la partition de „Zampa"*, in: *Journal des débats politiques et littéraires* vom 27. September 1835, S. 1 f.; hier S. 1.

11. Egon Voss, „*Eigentlich ein Marsch mit einem Trio*". *Über das Vorspiel zu den „Meistersingern von Nürnberg"*, in: Voss, *Wagner und kein Ende. Betrachtungen und Studien*, Zürich: Atlantis 1996, S. 165–167; hier S. 166.
12. Brief an Mathilde Wesendonck, zitiert nach: Richard Wagner, *Sämtliche Briefe*, Band XI (*Briefe von April bis Dezember 1859*), hrsg. von Martin Dürrer, Wiesbaden: Breitkopf & Härtel 1999, S. 406 f.
13. Vgl. Arne Stollberg, *Neuralgische Ästhetik. Wagners „Tristan und Isolde" als „opus physiologicum"*, in: *wagnerspectrum* 2018, Heft 1, S. 171–203; hier S. 193–197.
14. Richard Wagner, *Erläuterndes Programm zu der Musik-Aufführung*, München: Wolf 1864, S. 7.
15. Voss, *Über das Vorspiel zu den „Meistersingern von Nürnberg"* (wie Anm. 11), S. 166.
16. Karol Berger, *Form und Bedeutung in Wagners Musikdramen*, Kassel: Bärenreiter 2021, S. 294.
17. Cosima Wagner, *Die Tagebücher*, hrsg. von Martin Gregor-Dellin und Dietrich Mack, Band II, München/Zürich: Piper 1976, S. 449 (Eintrag vom 26. November 1879).
18. Wagner, *Erläuterndes Programm* (wie Anm. 14), S. 5 f.
19. Richard Wagner, *Mein Leben*, hrsg. von Martin Gregor-Dellin, München: List 1963, S. 684.
20. Ebd., S. 511 f.; vgl. auch die ältere, weniger ausgeschmückte Version in Wagners Brief an Emilie Ritter vom 25. Dezember 1854; in: Richard Wagner, *Sämtliche Briefe*, Band VI (*Januar 1854–Februar 1855*), hrsg. von Hans-Joachim Bauer und Johannes Forner, Leipzig: Deutscher Verlag für Musik 1983, S. 308 f.

Konkurrenz zur Symphonie

Zwischen den Akten

Neben hypertrophen Vorspielen (oder als „Vorspiele" verkleideten Ouvertüren) begegnen bei Wagner weitere Ausnahmen von der Regel, wenn spätere Akte einer Oper von üppiger Instrumentalmusik eröffnet werden. Auf den ersten Blick scheint es nahezuliegen, auch einen zweiten, dritten, gar vierten oder fünften Akt mit einer Orchestereinleitung zu beginnen, denn jedes Mal hebt sich ja von Neuem der Vorhang; jedenfalls sind wir es so gewohnt. In vergangenen Jahrhunderten war dies aber gerade nicht der Fall. In der italienischen Oper ließ man im 18. Jahrhundert einen zweiten oder einen dritten Akt meist mit einem einfachen Rezitativ einsetzen, oft nur vom Basso continuo begleitet.

Was heute verstörend wirkt, dürfte die Zeitgenossen aus zwei Gründen nicht irritiert haben: Zum einen fiel der oft allegorisch gestaltete Vorhang (siehe Abb. 1) in einer Opernaufführung nur ein einziges Mal, am Ende des letzten Aktes. Die für uns selbstverständliche Praxis, dass Umbauten zwischen den Akten vom geschlossenen Vorhang verdeckt werden, ist an der Pariser Opéra das erste Mal für Aubers *Le philtre* (1831) bezeugt, nachdem sie der spätere Librettist Grétrys und Piccinnis, der von Voltaire protegierte Jean-François Marmontel bereits 1763 für das Sprechtheater eingefordert hatte.[1] In Italien scheint diese Praxis schon früher durchgesetzt worden sein. Jedenfalls vermerken Librettodrucke in Neapel seit 1807 das Fallen des Vorhangs bereits nach dem ersten Akt einer Oper.

Abb. 1 Das 1766 eröffnete Schlosstheater in Drottningholm, der etwa zehn Kilometer westlich von Stockholm gelegenen Sommerresidenz der schwedischen Königsfamilie, gehört zu den wenigen Opernhäusern des 18. Jahrhunderts, die sich weitgehend unverändert erhalten haben. Der hier halb geöffnete Vorhang wird dem 1769 verstorbenen Hofmaler Johan Pasch zugeschrieben. Eine allegorische Komposition fokussiert auf Minerva als Göttin der Weisheit und Schutzherrin der Künste vor einem wolkenverhangenen Himmel. Viele kleine Kronen bilden im Hintergrund eine ornamentale Fläche. Gerahmt wird der Vorhang von einem Zierband, in den die Initialen der Königin Lovisa Ulrika, einer Schwester König Friedrichs II. in Preußen, eingewoben sind

Auch die Szenenanweisungen in Schillers Dramen lassen erkennen, dass die Jahre um 1800 in dieser Hinsicht eine Umbruchszeit markieren: Dort wird bisweilen, wenn auch noch nicht systematisch, das Fallen des Vorhangs nach jedem Akt verlangt.

Zum anderen aber wurden Opern bis mindestens 1800 grundsätzlich ohne eigentliche Pause gespielt. Zwar war es in Italien üblich, zwischen den Akten Intermezzi, Handlungsballette oder auch Instrumentalmusik einzufügen, in Frankreich und an den größeren Häusern des deutschen Sprachraums dagegen in der Regel nicht. Auch zwischen den Akten blieb das Publikum in Sichtkontakt mit der Bühne und damit im immer wieder beschworenen Idealfall im Bann der dort entwickelten Handlung.

Der Verzicht auf Pausen lässt sich vor allem damit erklären, dass sie aus Sicht der Produzenten nicht nötig waren. In der Barockoper konnten Umbauten aufgrund standardisierter Bühnenbilder und ausgeklügelter technischer Vorrichtungen in wenigen Sekunden bewerkstelligt werden. Erst im 19. Jahrhundert beanspruchte der Wechsel der Dekorationen dann bis zu einer Viertelstunde oder sogar noch mehr. Dennoch scheint es sich nicht vor dem Beginn des letzten Jahrhunderts eingebürgert zu haben, während dieser Unterbrechung den Zuschauerraum zu verlassen (siehe Abb. 2). Jedenfalls finden sich auf den Theaterzetteln deutschsprachiger Bühnen seit den 1880er-Jahren immer häufiger Hinweise auf den Zeitpunkt einer „längeren" oder „größeren" Pause. Von den Zeitgenossen ist diese Veränderung erstaunlicherweise kaum diskutiert

Abb. 2 In der Zeitschrift *L'artiste* wurde im Mai 1894 eine Farblithographie mit dem Titel *Pendant l'entracte* (In der Pause) veröffentlicht. Der Redaktion war es gelungen, mit dem 1863 geborenen Alexandre Lunois einen der erfolgreichsten Lithographen seiner Zeit zu verpflichten. Die Momentaufnahme aus dem 1875 eröffneten Palais Garnier lässt erkennen, dass das Verlassen des Zuschauerraums während der Pause noch nicht die Regel war. Dagegen sind für das späte 19. Jahrhundert Pausenbesuche in anderen Logen in zahlreichen Zeugnissen dokumentiert

worden, sie entsprach offenbar einem Bedürfnis. Der allmähliche Funktionswandel immer längerer Pausen dürfte schließlich durch das Beispiel der Bayreuther Festspiele befördert worden sein, wo man schon in der Eröffnungs-Spielzeit 1876 das Kontinuum des Theaterabends durch jeweils einstündige „Erholungspausen" unterbrochen hatte.

Wenn in den ersten Jahrzehnten des 19. Jahrhunderts – wie schon in der französischen „opéra-comique" der „Aufklärung" – ausgedehntere und von Gesangsnummern unabhängige Vorspiele einem späteren Akt vorangestellt wurden, ging es also nicht darum, das Publikum aus der Zerstreuung einer längeren Pause im Foyer zurückzuholen, sondern „nur" um die Einstimmung auf die folgenden Ereignisse. Als Bezeichnung für solche Kompositionen wählte man – wie in der Schauspielmusik – in aller Regel den Begriff „Entr'acte" oder „Zwischenaktmusik". Erst in der zweiten Hälfte des Jahrhunderts sollte sich dann für solche, immer noch seltene Lösungen allmählich der konkurrierende Begriff „Preludio", „Prélude" oder „Vorspiel" durchsetzen. Ein frühes und prominentes Beispiel für diese Neuerung ist, um nach dieser Abschweifung zu einem kaum erforschten Aspekt der Theaterpraxis auf die letzte von Wagners traditionellen Opern zurückzukommen, die Einleitung zum dritten Akt von *Lohengrin* (1850). In den musikalischen Quellen trägt sie keinen Titel, sie unterscheidet sich aber von älteren „Entr'actes" dadurch, dass sie einen unmittelbaren Bezug zur folgenden Handlung ausprägt.

Mit dem Orchester-Tutti entfacht Wagner ein wahres Feuerwerk an überschwänglicher Ausgelassenheit. Obschon vor geschlossenem Vorhang zu spielen, erscheint diese Instrumentalkomposition als harscher Kontrast zum „Vorspiel" des ersten Aktes, das den „lichten Tempel" aufscheinen ließ, in dem der „Gral" verwahrt wird. Dabei ist auch dieses Vorspiel zum dritten Akt tonal und gedanklich in sich geschlossen. Es bildet offensichtlich die ausgelassene Laune der Hochzeitsgäste ab. In dem von Wagner zum Druck gegebenen Textbuch lesen wir: „Eine einleitende Musik schildert das prächtige Rauschen des Hochzeitfestes." Dieses Vorspiel exponiert also einen Kontrast nicht nur zur Eröffnung der Oper, sondern auch zum Inhalt des anschließenden letzten Aktes, in dem die gescheiterte Hochzeitsnacht eines aneinander vorbei träumenden Paars gezeigt wird.

Die instrumentale Einleitung geht unmittelbar in die erste Szene des dritten Aktes über, wenn der Titelheld und die gerade mit ihm vermählte Elsa zu den Klängen des populär gewordenen Chors „Treulich geführt" ins Brautgemach begleitet werden. Das Hinein-Zoomen in die Handlung ist dabei von Wagner ebenso sinnfällig wie mechanisch bewerkstelligt: In den letzten G-Dur-Akkord der Einleitung montiert er auf dem Dominantton *d* den charakteristischen Rhythmus des anschließenden Chors hinein, moduliert von G-Dur nach B-Dur und macht mit dem Öffnen des Vorhangs genau beim Erreichen der neuen Tonart deutlich, dass die Musik hinter der Bühne bereits begonnen hatte, bevor sie für das Publikum hörbar wird. In den musikalischen Quellen der Oper heißt es: „Musik hinter der Bühne; der Gesang ist erst entfernt, dann näher kommend".

Das Vorspiel zum ersten Akt hatte dagegen auf die überirdischen, sphärischen Qualitäten des Grals fokussiert – von Wagner nachdrücklich unterstrichen mit der Bevorzugung der höchsten Lagen der Streicher in den ersten Takten. Die Violinen sind in vier Partien geteilt, als tiefsten Ton spielt die vierte Gruppe ein *a'*, darüber haben „4 einzelne Violinen" denselben A-Dur-Akkord eine Oktave höher „durch Flageolett hervorzubringen". Erst in T. 20 treten Holzbläser hinzu, in T. 36 dann auch die tiefen Streicher und die Hörner, ab T. 45 weitere Blechblasinstrumente. In T. 66 ist mit dem großen *E* in den Violoncelli, dem dritten Fagott und der Bassklarinette sowie dem Kontra-*E* der Kontrabässe der tiefste Ton erreicht. Erst nach der Schlusskadenz des Orchesters wiederholt Wagner den sphärischen Klang eines A-Dur-Akkords in den höchsten Lagen der geteilten Violinen wie in den ersten Takten. Hörbar geht es in diesem fast acht Minuten dauernden „Vorspiel" um den „Gral", um dieses „Gefäß von wundertät'gem Segen", das „herab von einer Engelschar gebracht" ward, wie der Titelheld in seiner „Gralserzählung" am Ende des dritten Aktes ausführen wird.

Dieser Klangeffekt ähnelt auf verblüffende Weise demjenigen in Verdis Vorspiel zu *La traviata* (1853). Dabei kann ausgeschlossen werden, dass die beiden Komponisten die Oper des jeweils anderen kannten, als sie an ihren Partituren arbeiteten. Auch Verdi verteilt einen Akkord in extrem hoher Lage auf vierfach geteilte Violinen und kontrastiert diesen sphärischen Beginn mit einem Orchester-Tutti, das sich über alle Tonhöhen erstreckt. Verdis Akkord steht nicht in Dur wie bei Wagner, sondern in h-Moll. Offensichtlich soll er den geschwächten Körper der tödlich an Tuberkulose erkrankten Titelheldin assoziieren lassen. Dieser semantische Zusammenhang erschließt sich im Vorspiel zum dritten und letzten Akt. Dessen Anfang stimmt – bis auf die Transposition von h-Moll nach c-Moll – mit dem Vorspiel zum ersten Akt überein. Im weiteren Verlauf intoniert hier die erste Violine den Melodiefetzen, dem wenig später in Violettas Arioso die Worte „Soffre il mio corpo [...] Mi confortò jer sera un pio ministro" unterlegt sind („Mein Körper leidet [...] Gestern Abend sprach mir ein frommer Diener des Herrn Trost zu"). Neben einer musikalischen Metapher für die nahende Katastrophe erreicht Verdi hier also eine strukturelle Verklammerung des Anfangs mit dem letzten Akt seiner Oper.

SYMPHONISCHE MUSIK IN DER ITALIENISCHEN OPER

Gegen Ende des 19. Jahrhunderts häufen sich in der italienischen Oper Vorspiele zu späteren Akten. Dies dürfte als direkte Reaktion auf *Lohengrin* zu begreifen sein, auf diejenige Oper Wagners, die sich nach 1872 in Italien als besonders erfolgreich erwiesen hatte. So komponierte Verdi für seinen *Don Carlos* anlässlich der Neubearbeitung für Mailand 1884 ein in sich geschlossenes Vorspiel zum zweiten Akt, der dem dritten Akt der Fassung von 1867 entspricht. Diese Entscheidung irritiert, weil Verdi in allen Fassungen am Beginn dieser Oper auf irgendeine instrumentale Eröffnung verzichtet hat. Die fünfaktige Fassung von 1867 setzt in der schließlich nicht aufgeführten Probenfassung mit dem Chor der Holzfäller ein, in der veröffentlichten Version unmittelbar mit dem Jägerchor, die vieraktige Fassung von 1884 ebenso unmittelbar mit dem Chor der Mönche im Kloster San Yuste.

Warum also 1884 ein nachkomponiertes „Preludio" vor dem Akt, der in den Gärten des spanischen Königspalastes spielt? Verdis Musik kann als symphonische Phantasie über die ersten beiden Verse der Auftrittsromanze des Titelhelden („Je l'ai vue, et dans son sourire", „Ich habe sie gesehen, und in ihrem Lächeln"; in allen Fassungen im ersten Akt) begriffen werden. Seine Notwendigkeit ergibt sich aus dem Umstand, dass Verdi 1884 den Eröffnungschor dieses Aktes ersatzlos gestrichen hatte. Ohne einen zusätzlichen Eingriff hätte also dieser neue zweite Akt mit einem Rezitativ begonnen. Was hundert Jahre zuvor normal gewesen war, schien im Jahrhundert der großen symphonischen Entwürfe nicht mehr akzeptabel, noch weniger, wenn am Beginn des Aktes der Vorhang erneut hochgezogen wurde. Dennoch überrascht es, dass Verdi an dieser Stelle die Orchestermusik vom Folgenden klar getrennt hat. Sein „Preludio" schließt mit einer breiten Kadenz in der Grundtonart C-Dur, leitet also nicht direkt zur anschließenden Musik auf der Bühne über. Vielmehr fokussiert es auf die intimen Gefühle des Titelhelden und dessen enttäuschte Liebe. Obwohl eine erneute Akzentuierung der bereits ausführlich exponierten Vorgeschichte entbehrlich wäre, lag Verdi offensichtlich daran, nochmals zu unterstreichen, welche Wunden bei Carlos die gegen seinen Willen gelöste Verlobung mit Elisabeth geschlagen hatte.

Verdis „Preludio" aus dem Jahre 1884 könnte als frühes charakteristisches Beispiel genügen. Denn eine Aufzählung aller Vorspiele zu späteren Akten, die in wichtigen italienischen Opern des fin-de-siècle begegnen, wäre müßig, zumal dort über wenig individualisierte Stimmungsmalerei hinaus nur selten Elemente der folgenden Bühnenhandlung konkretisiert werden. Erwähnt seien gleichwohl diejenigen zum zweiten Akt von Puccinis erster Oper und zum dritten Akt von dessen *Madama Butterfly* (1904). Puccinis Erstling *Le Villi* (1884) lässt erkennen, dass solche Einleitungsmusiken der damals aufgekommenen Mode des „Intermezzo sinfonico" verpflichtet sind. In der Tat war für diese Oper zunächst ein symphonisches Zwischenspiel vorgesehen, bevor sie dann bei einer Überarbeitung in zwei Akte aufgeteilt wurde. Im Textbuch für diese Neufassung hatte der Librettist Ferdinando Fontana für den Beginn des zweiten Aktes eine „parte sinfonica" in zwei Sätzen imaginiert – den Inhalt der beiden Sätze umriss er mit pathetischen Gedichten, dazwischen platzierte er einen Chor. Puccini integrierte diesen Chor kurzerhand in den ersten Satz seines Vorspiels. Zudem sah er „hinter einem Schleiervorhang" eine pantomimische Aktion vor. Nichtsdestoweniger findet sich in der definitiven Fassung der Oper nach diesen beiden in sich geschlossenen Sätzen in F-Dur und g-Moll überdies ein „Preludio" in c-Moll, das Guglielmos Monolog vorbereitet.

Der dritte Akt von *Madama Butterfly* (beziehungsweise der zweite Teil des zweiten Aktes in der zweiaktigen Fassung des Werks) beginnt mit einem machtvollen symphonischen Satz. Der Vorhang wird erst in T. 54 geöffnet, nach immerhin fünf Minuten Musik. Im Anschluss an einen ersten stummen Auftritt der Titelheldin klingt zunächst aus der Ferne ein Chor der Matrosen herein.

Noch systematischer war Alfredo Catalani ein Jahrzehnt zuvor in seiner Gebirgsoper *La Wally* (Mailand 1892) vorgegangen. Der erste Akt dieser vieraktigen Oper beginnt mit einem knappen Orchestervorspiel, das die Motivik des Eröffnungschors vorwegnimmt. Dasselbe Muster setzt Catalani dann auch für die Kirchenszene am Beginn des zweiten Aktes um. Im dritten Akt dagegen soll der Vorhang bereits im vierten Takt einer instrumentalen Komposition in zwei Sätzen hochgezogen werden. Ein Andante mesto und das anschließende Allegro agitato ed affannoso in g-Moll beanspruchen zusammen immerhin fast vier Minuten. Auch dem vierten und letzten Akt hat Catalani eine elegische Instrumentalkomposition, diesmal in f-Moll, vorangestellt, die „a sipario alzato", „bei offenem Vorhang" zu spielen ist. Sie konfrontiert das Publikum unmittelbar mit der trostlosen Atmosphäre der Gebirgslandschaft hoch oben über dem Ötztal.

Eine Ouvertüre als Keimzelle

Gewöhnlich wurden Ouvertüren als letzter Teil einer Oper komponiert. Die zuvor betrachteten Musikdramen Wagners sind eine gewichtige, allerdings sehr seltene Ausnahme. Die Gewohnheit, mit der Ouvertüre die Arbeit an einer Opernpartitur zu beschließen, war nicht nur der Arbeitsökonomie geschuldet. Noch in der Mitte des 19. Jahrhunderts wurde regelmäßig mit den Sängerproben begonnen, bevor die Komposition abgeschlossen war. Auch eine differenzierte Einschätzung der Proportionen und – im Fall der Potpourri-Ouvertüre – der dort zu verwendenden Melodien war erst mit dem Blick auf die fertige Partitur möglich. Gleichwohl findet sich auch in Italien – mindestens – eine Ausnahme von dieser Regel. Auch wenn die Reihenfolge der Arbeitsschritte bei der Entstehung von Verdis *Luisa Miller* (1849) nicht rekonstruiert werden kann, entstammt die Ouvertüre zweifellos einer sehr frühen Arbeitsphase. An keiner anderen Stelle seines Gesamtwerks zeigt sich Verdi in so nachdrücklicher Weise als Symphoniker, gleichsam auf den Spuren der sogenannten „Wiener Klassiker". Die motivische „Arbeit" und die kontrapunktische Finesse in der Durchführung dieser einsätzigen Ouvertüre gilt einem musikalischen Gedanken, der im Verlauf der Oper fast obsessiv wiederkehrt und diese Partitur auf seine Weise strukturiert. Selbst das Seitenthema der Ouvertüre entpuppt sich – wie in der Instrumentalmusik der Jahre um 1800 nicht selten – als kaum veränderte Variante des Hauptthemas.

Alles in diesem Allegro ist von einer einzigen motivischen Zelle geprägt, die vor allem durch ihren Rhythmus auffällt: Auf eine punktierte lange Note folgen zwei kurze Achtel oder Sechzehntel, wobei dieses rhythmische Grundmuster in der Regel mindestens dreimal aneinander gekettet wird. Trotz der Anleihen bei der Wiener „Klassik" fehlt dem Satz jegliches Ebenmaß, wenn die Geigen aus dem Nichts im Piano-Pianissimo, noch dazu auf der fahl klingenden G-Saite eine nervöse Melodie intonieren. Sie umschreibt die Tonart c-Moll und wird sich als Keimzelle der ganzen Oper erweisen. Ein erster Viertakter schließt auf dem Grundton, ein zweiter öffnet sich – wie wir es von den „quadratischen" Konstruktionen der „Wiener Klassiker" gewöhnt sind – zur fünften Stufe *g*, mit einem langen, überlangen Seufzer-Vorhalt von der Moll-Sexte *as*. Am Ende des folgenden Achttakters – hier sind sogar sechs aufeinanderfolgende Takte vom immergleichen „daaaa-dam-dam" geprägt – ist der Vorhalt doppelt so lang, umfasst zwei ganze Takte.

Obwohl man es sich gerne zurechthören würde, handelt es sich somit gerade nicht um reguläre Vier- und Achttakter, was wir aufgrund unserer

Gewöhnung an weniger „quadratische" Musik aus den Jahren nach 1850 kaum bemerken. Nur die allererste Phrase umfasst vier Takte, die Gegenphrase wegen des überlangen Vorhalts bereits fünf. Die Entwicklung an dritter Stelle setzt sich aus drei und scheinbar vier Takten zusammen, das zweite Element ist jedoch wegen des besonders langen Vorhalts auf sechs Takte überdehnt. Ganz ähnlich im Seitensatz: Auf einen eröffnenden Viertakter in Es-Dur folgt eine Gegenphrase, die im elften Takt, nach zweimal vier und drei Takten zu einem überhasteten Abschluss findet. In dieser Ouvertüre scheint der Wurm drin. Jede Erwartung an reguläre Periodik wird bereits im Ansatz zerstört. Im Verlauf der Oper hat Verdi die in der Ouvertüre eingeführte Melodie an keiner Stelle mit einem gesungenen Text verknüpft. Doch wird ihre semantische Bedeutung überdeutlich, wenn sie fast identisch am Beginn des dritten Aktes wiederkehrt, als düstere Begleitung zu einer stummen Szene, in der Luisa einen Brief an Rodolfo schreibt: Sie hat sich zum Selbstmord entschlossen. Der charakteristische Rhythmus gibt also in seinen zahlreichen melodischen Varianten dieser Bearbeitung von Schillers *Kabale und Liebe*, einer Tragödie um die Liebe eines Adligen zu einer Bürgerstochter, den nervösen Puls.

Mehr noch als für die unmögliche Liebe Rodolfos und Luisas scheint der Rhythmus für den Geist der Intrige zu stehen, der Schillers Drama den Namen gegeben hat – mit dem heute nicht mehr gebräuchlichen Wort „Kabale". Dessen italienische Entsprechung „L'intrigo" hat Verdis Librettist Cammarano als Titel für seinen zweiten Akt gewählt. Dort zwingt Wurm Luisa zum Schreiben eines Briefs, in dem sie ihre Liebe zu Rodolfo leugnet. Ausgerechnet an diesem finsteren Höhepunkt der Intrige findet sich keine Spur von Verdis charakteristischem Motiv. So sehr es wurmstichig scheint, steht es also nicht für Wurm, sondern für die Allgegenwart von Lug und Trug in dieser trostlosen Tragödie. Dort erweist sich sogar Rodolfo als finsterer Intrigant: Unter dem falschen Namen Carlo hat er sich der Liebe seines Lebens genähert. So begleitet der in der Ouvertüre allgegenwärtige Rhythmus auch die erste Konfrontation zwischen Rodolfo und dessen Vater im Finale des ersten Aktes und vor allem den Moment, wenn – unmittelbar danach – Rodolfo damit droht, die Verbrechen des Vaters zu entlarven.

Braucht es überhaupt Ouvertüren?

Nach all dem, was wir bisher gesehen haben, stellt sich die Frage, was nach 1820 überhaupt noch für die zunehmend zurückgedrängte Ouvertüre sprechen konnte. Die Frage *Gehört eine Ouverture zur Oper?* formuliert dieses Problem mit radikaler Emphase. Nicht weniger radikal war die Antwort, die ein damals in Weimar tätiger Theaterdirektor 1851 auf diese rhetorische Frage gab. Freiherr von Biedenfeld stellte dabei vor allem auf den Vergleich mit dem Sprechtheater ab:

> „Wo steht aber das philosophische Gesetz geschrieben, daß ein Drama einen Prolog haben müsse? Jedes Drama [...] muß sich nothwendig selbst einleiden [sic!], selbst erklären, selbst den Zuhörer in die gehörige Stimmung versetzen; kann es dieß Alles nicht und bedarf es dazu erst einer Vorrede, so ist es kein Drama, wenigstens kein gutes und brauchbares Drama. Daß mitunter bedeutende Dichter einen Prolog zu ihren Dramen geschrieben haben und schreiben, kann an diesem Grundsatz durchaus nichts verändern."[2]

Dennoch wollte so mancher nicht auf die alte Gewohnheit verzichten. Ein ebenfalls in Weimar tätiger Publizist nahm 1855 eine diametral entgegengesetzte Position ein. Als Begründung für die Notwendigkeit der Ouvertüre bemühte Johann Christoph Lobe – obwohl neun Jahre jünger als der damals schon 63-jährige Biedenfeld – den Glanz der Tradition: „Will man eine Kunstform verbannen, in welcher Schönes und Herrliches geleistet worden ist, so müssen jedenfalls sehr wichtige Gründe gegen ihr Fortbestehen vorhanden sein." Noch schlagender schien ihm ein wahrnehmungsästhetisches Argument:

> „Vor der Bühne erscheint ein zahlreiches sehr verschiedengeartetes Publikum mit den Stimmungen und Gedanken, die aus den Tagesgeschäften, Zerstreuungen u. s. w. fließen. Diese ganze versammelte Menge ist in eine empfängliche, dem dramatischen Gegenstande in der folgenden Oper angemessene Vorstimmung zu versetzen. [...] Es gehört demnach, in unserer Zeit namentlich, viel dazu, das Publikum schon durch die Ouverture zu fassen und in eine gewisse Stimmung zu versetzen; es gehört aber außerdem auch eine nicht ganz kurze Dauer des Tonstückes dazu, weil auf eine zahlreiche Zuhörermenge durch wenige Takte nicht zu wirken ist."

Genau diese Notwendigkeit einer „nicht ganz kurzen Dauer" nimmt Lobe sogar zum Anlass, die längst konsolidierte Tradition einer kürzeren Einleitung als ästhetisch minderwertig zu verwerfen:

> „Die kurzen Einleitungen, welche Meyerbeer und nach ihm Wagner statt der Ouverture vor Opern gegeben, mögen immerhin ihren Werth haben, den ich ihnen nicht bestreiten will. Kein Unbefangener aber wird behaupten wollen, sie machten eine tiefere Wirkung, sie gewährten größern Genuß als die vollständig ausgeführten Ouverturen unserer Meister von Gluck bis Weber."[3]

Obwohl Lobe einigen Einfluss hatte, konnte er den längst eingetretenen Wandel nicht aufhalten. Den Komponisten war es nicht um „Genuß" zu tun, sondern um dramaturgische Stringenz. Zwar wurden in aller Herren Länder munter weiter Ouvertüren komponiert. Die meisten tonangebenden Komponisten scherten sich jedoch nicht um Rückzugsgefechte in der Musikpresse. Sie zogen kurze Vorspiele vor, wenn sie nicht – wie im Folgenden an einigen Beispielen gezeigt werden soll – mit anderen extravaganten Lösungen experimentierten.

Medias in res

Möglicherweise hatte auch Hector Berlioz von der Kontroverse zwischen Biedenfeld und Lobe gehört. Denn Weimar war einer der wichtigsten Bezugspunkte für den in Paris wenig erfolgreichen Komponisten. Sein Freund Franz Liszt, der in der thüringischen Kleinstadt residierte, hatte sicher Biedenfelds Artikel gelesen, der Name des Autors erscheint wiederholt in seiner Korrespondenz. Als Berlioz im November 1852, im Februar 1855 und im Februar/März 1856 jeweils für mehrere Tage nach Weimar kam, traf er regelmäßig mit Liszt und dessen Lebensgefährtin Caroline von Sayn-Wittgenstein zusammen. Mit Sicherheit sprach man bei diesen Gelegenheiten auch über Musiktheater. Sayn-Wittgenstein sollte es 1856 gelingen, den französischen Komponisten davon zu überzeugen, *Les troyens* zu schreiben, auch wenn es noch keine Aufführungsmöglichkeit für eine solche fünfaktige Oper gab. Wenige Wochen später nahm er sein opus summum in Angriff.

In dieser Oper gibt es weder eine Ouvertüre noch ein Vorspiel. Berlioz springt direkt in die Handlung. Im ersten Akt sehen wir das verlassene Heerlager der griechischen Angreifer vor den Toren Trojas. „Das trojanische Volk" ergötzt sich nach jahrelanger Belagerung voller Freude an der freien Natur. Die Konturen des Freudenchors werden von der eröffnenden Musik des Orchesters vorweggenommen. Da sich der Vorhang nach Berlioz' Anweisung erst in T. 40, nach etwas mehr als 30 Sekunden öffnen soll, könnte diese instrumentale Einleitung zunächst als Vorspiel wahrgenommen werden. Doch setzt der Gesang bereits in T. 31, also noch bei geschlossenem Vorhang ein. Die mitreißende Wirkung des vergnügten Chors erhöht Berlioz durch die Beschränkung des Orchesters auf Blasinstrumente, fast ausnahmslos in hoher Lage. Diesem Freudentaumel fehlt jede Grundlage, die im Orchester seit Jahrhunderten Aufgabe der Streichinstrumente und insbesondere von deren tiefen Registern gewesen war. In der Tat sind die Trojaner auf eine Kriegslist hereingefallen, die Griechen habe ihre Stellung nur zum Schein verlassen. Verborgen im hölzernen, dem sprichwörtlich gewordenen „trojanischen Pferd" warten sie darauf, von den Belagerten in die befestigte Stadt gezogen zu werden.

Allein die Seherin Kassandra hat erfasst, dass dem Frieden und dem Frohsinn nicht zu trauen ist. Nach dreieinhalb Minuten des traumtänzerischen Eröffnungschors wird dem Publikum ein Stimmungswechsel aufgezwungen, der die Härte eines unerwarteten Filmschnitts hat: Berlioz richtet den Fokus auf Cassandre. Ihren Auftritt lässt er zunächst allein von Streichern begleiten. Nicht nur die Instrumentation kontrastiert harsch mit dem gerade Gehörten, sondern auch weitere Parameter des Tonsatzes: statt eines mehrstimmigen akkordischen Tonsatzes nun Unisono, statt G-Dur nun Es-Dur, dann sogar es-Moll. Vor allem aber folgen auf den tänzelnden gleichmäßigen Rhythmus im 6/8-Takt des Eröffnungschors hier scharf punktierte Rhythmen im 4/4-Takt, wie wir sie aus der französischen Ouvertüre des späten 17. und des frühen 18. Jahrhunderts kennen.

Offenbar hatte Berlioz zunächst daran gedacht, am Ende der Arbeit an seiner fünfaktigen Oper noch eine Ouvertüre zu komponieren. Nachdem er diesen überwältigenden Kontrast zwischen Bläser- und Streicher-Farben gefunden hatte, sah er die Vorteile, sich von einer Konvention zu lösen, die er in seinen beiden anderen Opern – *Benvenuto Cellini* (Paris 1838) und *Béatrice et Bénédict* (Baden-Baden 1862) – nicht in Frage stellt. Am 19. Juli 1862 schrieb er Franz Liszt: „Der Grund, der mich davon abgebracht hat, eine Ouvertüre zu schreiben, ist ein Grund des Orchestrators", denn dieser „spezielle Effekt wäre durch die Ouvertüre zerstört worden; denn ich hätte [in einer Ouvertüre] nicht auf die Streichinstrumente verzichten können."[4]

Auf den ersten Blick überrascht es, dass ausgerechnet ein Komponist mit erklärten Affinitäten zum Klassizismus als einer der ersten sowohl auf Ouvertüre wie auf Vorspiel verzichtet. Auf den zweiten Blick kann man in Cassandres Erscheinen gleichwohl Berlioz' Bewusstsein für die (französische) Tradition erkennen. Dieser Traditionsbezug wird jedoch – mit einem unnachahmlichen Effekt – ganz dem dramatischen Kontrast untergeordnet. Die Konvention hat ausgespielt, sie taugt nur noch für die Ziselierung einer scharf charakterisierten Figur. Ein britischer Berlioz-Forscher ging so weit zu behaupten, der Eröffnungschor der Oper sei „trotz seiner trivialen Oberfläche" eine Ouvertüre, „während Cassandres Auftritt als der wirkliche Anfang der Oper wahrgenommen wird".[5] Auch wenn es gute Argumente gegen diese zugespitzte These gibt, weist sie auf eine sublime Dialektik in der Ästhetik des bekennenden Gluck-Verehrers. Genau während der Arbeit an *Les troyens* hatte der von ikonoklastischen Impulsen getriebene Berlioz einen Feuilleton-Artikel von 1835 über Glucks *Alceste* wesentlich überarbeitet und erweitert. In der Neufassung von 1861 verwahrt er sich entschieden gegen Glucks Forderung, „die Ouvertüre" müsse „das Sujet des Stücks anzeigen". Denn „die Ausdruckskraft der Musik kann nicht so weit gehen; sie wird gewiss die Freude, den Schmerz, den Ernst, die Verspieltheit wiedergeben" können. Wenn sie aber über solches hinausgehen will, muss sie „mit absoluter Notwendigkeit auf das gesungene, deklamierte oder gelesene Wort zurückgreifen, um die Lücken zu füllen, die ihre Ausdrucksmittel in einer Komposition hinterlassen, die sich gleichzeitig an den Geist und die Vorstellungskraft richtet".[6] In seinen *Troyens* hat Berlioz diese Lücken also von vornherein zu füllen gewusst, um den Preis der Zerstörung der Tradition, die dann an unerwarteter Stelle nochmals als Fanal aufscheint.

Gestaffelte Vorhänge als Notlösung

Berlioz hat seine fünfaktige Oper *Les troyens* nie als ganze sehen oder auch nur hören können. Bei seinen Verhandlungen mit unwilligen Theaterdirektoren in Paris musste er der Aufspaltung in zwei Opern zustimmen. Zu seinen Lebzeiten wurde nur die aus den letzten drei Akten gebildete Teil-Oper *Les troyens à Carthage* (1863) gespielt, die dort fehlenden ersten beiden Akte kamen erstmals 1890 in Karlsruhe auf die Bühne. Die Uraufführung des von Berlioz geplanten Fünfakters folgte nochmals drei Jahrzehnte später, 1920 in Rouen, eine ungekürzte Fassung sogar erst 1969 in Glasgow.

Beschränkte man sich aber – wie 1863 – auf die in Karthago spielenden Akte, bedurfte es zumindest eines Hinweises auf die Vorgeschichte, die in den ersten beiden, in Troja imaginierten Akten zu sehen gewesen wäre. Unter dem Zwang zu schmerzlichen Abstrichen an seiner monumentalen Konzeption versuchte Berlioz dieses Problem zu lösen, indem er dem neuen ersten Akt (ursprünglich der dritte Akt der fünfaktigen Oper) einen „Prologue" voranstellte. Dieser beginnt mit einem als „Lamento" bezeichneten Orchesterstück, das musikalische Gedanken aus dem letzten (Allegro)-Teil des großen Duetts Cassandres mit ihrem Verlobten Chorèbe im ursprünglichen ersten Akt aufgreift. Auch ohne gesungenen Text ist diese Passage unschwer als Klagelied über den Verlust Trojas zu erkennen.

Berlioz begnügte sich aber nicht mit dieser instrumentalen Eröffnungsmusik. Zum F-Dur-Schluss des in d-Moll konzipierten Orchestervorspiels tritt ein „rapsode" auf die Bühne, „ein erster Vorhang im Proszenium geht auf. Ein zweiter Vorhang im Proszenium bleibt geschlossen, er zeigt das Bild der in Flammen stehenden Stadt Troja." Der „Rhapsode im griechischen Kostüm deklamiert mit einer Leier in der Hand allein an der Rampe, gelegentlich unterbrochen vom Gesang des Chors der unsichtbaren Rhapsoden hinter dem zweiten Vorhang." In wohlgesetzten Versen rezitiert der Rhapsode seine „légende", die vom Fall Trojas erzählt. „Eine Harfe hinter dem Vorhang" strukturiert mit gelegentlich eingeworfenen Melodiefragmenten diesen gesprochenen Teil eines Prologs auf dem Theater. Die Leier in der Hand des Rhapsoden ist also nur Requisit, der Klang wird in Wirklichkeit von einer Harfe in den Kulissen produziert. Ebenfalls hinter dem Vorhang ruft daraufhin der Chor der Rhapsoden Pallas Athene an, dem bedrohten Troja beizustehen. Dabei wird der Gesang von grandiosen Gesten des Orchesters getragen, das den „trojanischen Marsch im Triumphmodus" anstimmt und damit genau das musikalische Signet, das Berlioz an verschiedenen Stellen seines Fünfakters wiederholen lässt. Diesmal strukturiert der solistische Rhapsode mit seiner Deklamation den Ablauf des Marschs, mit drei interpolierten Versen kurz vor dessen Ende und acht weiteren Versen, nachdem ein diminuendo-Nachspiel in b-Moll die triumphale Schlusskadenz des B-Dur-Marschs verdunkelt hat.

All diese Effekte scheinen auf beeindruckende Weise ausgeklügelt. Bei nüchterner Betrachtung erweisen sie sich aber als wenig dramatisch. Denn die verwendeten Mittel sind offensichtlich dem Oratorium abgeschaut. Berlioz scheint das Prekäre seiner Konstruktion geahnt zu haben, als er zu einem zusätzlichen Mittel griff, um sein Publikum zu überwältigen. Der mehrfach gestaffelte „Prologue" findet seinen Abschluss in einem weiteren Orchesterstück, einem dissonant einsetzenden Allegro agitato, das in b-Moll diesen „Prologue" beschließt. Nach dieser hybriden Entfaltung verschiedenster medialer Zugriffe kann sich nach über zwölf Minuten endlich der zweite Vorhang öffnen, um den Blick auf einen blumengeschmückten Saal in Didons Palast in Karthago, dem Schauplatz des ersten Aktes der verstümmelten Oper, freizugeben.

Offensichtlich ist diese sehr ungewöhnliche Anlage der Not geschuldet, nicht der ursprünglichen ästhetischen Intention des Komponisten. Um das Fehlen der zwei ersten Akte zu kompensieren, übersteigert Berlioz den nachkomponierten „Prologue" ins Monumentale. Dabei schreibt er

Tendenzen fort, die in seinem Œuvre bereits früher sichtbar geworden waren, zum Beispiel in seiner Gestaltung des Romeo-und-Julia-Stoffs. Mit unnachahmlicher Ironie hielt er im Vorwort zu jener, nicht für das Theater bestimmten Partitur aus dem Jahre 1839 fest: „Zu welcher Gattung dieses Werk gehört, unterliegt sicherlich keinem Zweifel. Obwohl oft Singstimmen verwendet werden, ist es weder eine Konzertoper noch eine Kantate, sondern eine Symphonie mit Chören."

Da in *Roméo et Juliette* nur einige wenige Szenen aus Shakespeares Drama erscheinen, hatte es durchaus seine dramaturgische Berechtigung, in einem Prolog auf die Vorgeschichte der Feindschaft zweier Adelsfamilien in Verona hinzuweisen. Gleichzeitig griff Berlioz mit seiner ungewöhnlichen Werköffnung den in die strenge Form eines Sonetts gegossenen „Prologue" Shakespeares auf, in dem ein „Chorus" vor dem ersten Akt das zusammenfasst, was „is now the two hour's traffic of our stage". So folgt in Berlioz' Werk auf die „Introduction" des Orchesters, in der – nicht weit entfernt von der traditionellen Form einer Ouvertüre – die blutigen Kämpfe zwischen Capulets und Montagues angedeutet werden, eben ein „Prologue". Vierzehn Singstimmen berichten rezitierend von der Feindschaft der Familien, von Roméos Liebe für Juliette, vom Fest im Palast, von der Balkonszene und von Roméos Liebeserklärung. Die Behandlung dieses Chors zielt offensichtlich auf historisches Kolorit. Wechselnde Rezitationstöne erinnern von Ferne an liturgischen Gesang, die konsequente Vermeidung einer Dur-Moll-Harmonik an Musik vor der Durchsetzung moderner Tonalität.

Als Charles Gounod drei Jahrzehnte später, zwei Jahre vor Berlioz' Tod, eine Oper mit dem Titel *Roméo et Juliette* herausbrachte, erinnerte er sich offensichtlich an diese eigentümliche Lösung. In seiner Shakespeare-Oper von 1867 bricht eine symphonische Ouvertüre nach einem Halbschluss ab. Der Vorhang öffnet sich und ein Chor deklamiert einen „Prologue" – wie bei Berlioz weitgehend ohne Orchesterbegleitung, wie bei Berlioz mit harmonischen Extravaganzen, die an Musik aus der Zeit vor der Durchsetzung von Dur und Moll erinnern. Mit der letzten Silbe des letzten, zwölften Verses fällt schon wieder der Vorhang, wenn auch „langsam", das Orchester setzt seine Ouvertüre fort. Wenn wir einer 1893 publizierten Erinnerung des Theaterdirektors Carvalho glauben dürfen, war es dessen Idee gewesen, diesen Prolog nicht von einem unsichtbaren Chor in den Kulissen singen zu lassen: „Anlässlich einer der letzten Bühnen-Orchester-Proben schlug ich Gounod vor, den Vorhang zu öffnen und den Chor durch alle Solisten zu ersetzen, die in der Oper auftreten."⁷ Einen lebhaften Eindruck davon, was dieser Auftritt inmitten der Ouvertüre für die optische Wahrnehmung bedeutete, gibt der Bericht des Wiener Kritikers Eduard Hanslick aus Paris:

> „Nach einigen düster präludirenden Tacten des Orchesters hebt sich nämlich der Vorhang und wir sehen vor uns eine unbewegliche malerische Gruppe junger Männer und Frauen, ungefähr wie das bekannte Bild von Boccaccio's florentinischer Gesellschaft. [...] Das Ganze erscheint und verschwindet, bei gänzlich verfinstertem Zuschauerraume, wie ein zauberisches Lichtbild."⁸

Nachweise der Zitate

1. Vgl. [Jean-François] MARMONTEL, *Poetique françoise*, Paris: Lesclapart 1763, Band II, S. 210.
2. [Ferdinand Leopold Carl] Fr[ei]h[er]r v[on] BIEDENFELD, *Gehört eine Ouverture zur Oper?*, in: *Signale für die musikalische Welt* 9/14 [recte 9/15] (3. April 1851), S. 137 f.
3. [Johann Christoph LOBE], *Für die Opernouverturen*, in: [LOBE], *Fliegende Blätter für Musik. Wahrheit über Tonkunst und Tonkünstler*, Band I, Leipzig: Baumgartner 1855, S. 52 f.
4. Brief Berlioz' an Franz Liszt vom 19. Juli 1862; zitiert nach: Hector BERLIOZ, *Correspondance générale*, Band VI (*1859–1863*), hrsg. von Hugh J. MACDONALD und François LESURE, Paris: Flammarion 1995, S. 316.
5. Julian RUSHTON, *The overture to „Les troyens"*, in: *Music analysis* 4 (1985), S. 119–144; hier S. 131.
6. Hector BERLIOZ, *L'„Alceste" d'Euripide, celles de Quinault et de Calsabigi; les partitions de Lulli, de Gluck, de Schweitzer et de Guglielmi sur ce sujet (Deuxième article)*, in: *Journal des débats politiques et littéraires* vom 15. Oktober 1861, S. 1 f.; hier S. 2.
7. Albert MONTEL, *Charles Gounod. Souvenirs de M. L[éon] Carvalho*, in: *Le figaro. Supplément littéraire* 19/43 (28. Oktober 1893), S. 1 f.; hier S. 2.
8. Eduard] H[ANSLICK], *Pariser Opern während der Weltausstellung*, in: *Neue Freie Presse. Morgenblatt*, Nr. 1104 vom 27. September 1867, S. 1–3 und Nr. 1106 vom 29. September 1867, S. 1–3; hier Nr. 1106, S. 1 f.

Sichtbares und Unsichtbares

Unsichtbare Chöre

Für solche überraschenden vokalen Auftritte während einer Ouvertüre hatte es schon vor 1867 einige wenige Präzedenzfälle gegeben. Bezieht man Chöre mit ein, die bei geschlossenem Vorhang gesungen werden, wäre nicht nur an die Ouvertüre zu Meyerbeers *Le pardon de Ploërmel* von 1859 zu erinnern, die uns noch beschäftigen wird, sondern auch schon an Donizettis Pariser Oper *Les martyrs* (1840). Hierbei handelt es sich um eine Umarbeitung seiner italienischen Oper *Poliuto*, deren 1838 in Neapel vorgesehene Uraufführung dem Bann der Zensur zum Opfer gefallen war. Wie schon zuvor in *Roberto Devereux* ersetzte Donizetti ein knappes Vorspiel durch eine ausgedehnte symphonische Ouvertüre. Sie gipfelt in einem Vivace, das die ekstatische Melodie der dem Tod geweihten Christen im Finale des letzten Aktes (in *Poliuto* „Il suon dell'arpe angeliche") vorwegnimmt. Mitten in dieser Sonatensatzform singt in einem knappen Larghetto der Chor hinter dem geschlossenen Vorhang das Gebet „O Dieu tutélaire", das dann in der eigentlichen Oper im ersten Akt ebenfalls aus dem Off erklingen wird. Die Ausführungsanweisung der Partitur spricht von „Chrétiens qui sont déjà en prière derrière le rideau", von „Christen, die schon hinter dem Vorhang beten". Diese Überblendung der Perspektiven der (zeitgenössischen) Bühnentechnik und der (in der römischen Antike) imaginierten Handlung wirkt wie ein bizarrer Lapsus. Auch in dramaturgischer Hinsicht erweist sich diese Interpolation als durchaus prekär, denn sie nimmt den Überraschungseffekt vorweg, wenn wenig später in der großen Arie Paulines im ersten Akt eben dieses Gebet aus der Ferne zu hören ist.

Es mag insofern nicht nur der Rücksicht auf weniger gut ausgestattete Opernhäuser, sondern mehr noch dramaturgischen Überlegungen geschuldet sein, wenn der Pariser Verleger Schonenberger – mit oder ohne Donizettis Zustimmung? – in der Partitur eine Seite „29 bis" drucken ließ, auf der die Chorstimmen von drei Hörnern und zwei Fagotten ersetzt werden – „quant [sic!] il n'y a pas de voix", für den Fall, dass „es keine [Chor-]Stimmen" geben sollte.

Ein noch früheres Beispiel für einen unsichtbaren Chor, der während der Ouvertüre bei geschlossenem Vorhang singt, findet sich aber nochmals zwei Jahrzehnte früher. Dieser Primat gebührt wohl Rossinis *Ermione* (Neapel 1819), in dessen Sinfonia „dietro il sipario", „hinter dem Vorhang" zu singende Einwürfe des Chors verwoben sind. Das erscheint zunächst wie eine sinnlose Doppelung. Denn genau diese ersten vier Verse, die den Fall Trojas beklagen, werden – mit genau demselben Text und nur geringfügig veränderter Musik – in der anschließenden ersten Szene nochmals gesungen. Rossini ging es vermutlich um eine Rhetorik der Eskalation. Das Leid der in einem düsteren Gefängnis in Epirus schmachtenden Trojaner nach dem Untergang ihrer Stadt ist so quälend, dass schon die Ouvertüre davon affiziert wird.

Erstaunlich, wie Rossini diesen Beginn des Eröffnungschors in seine Ouvertüre hineinmontiert hat: Der erste Ausruf „Troia! qual fosti un dì!" („Troja! Was warst Du einst gewesen!") erklingt präzise an der Schnittstelle zwischen der langsamen Einleitung und dem, was ein unvorbereitetes Publikum für den Beginn des Allegro-Satzes der Sinfonia halten muss. Nach nur vier Takten skandiert der Chor in den Halbschluss auf der fünften Stufe hinein den zweiten Vers „A te che resta ancor?" („Dir, was bleibt Dir noch?"), bevor der erste, von nervösen Sechzehnteln geprägte musikalische Gedanke des Allegro eine Stufe höher wiederholt wird. In einen f-Moll-Schlussakkord hinein singt der Chor den Seufzer „Ah!". Das anschließende, 18 Takte umfassende Adagio in As-Dur wird von einer Melodie von Querflöte und Oboe eröffnet. Schon im zweiten Takt stimmt der Chor dann die beiden Verse an, die in der folgenden Chorszene unmittelbar an die ersten beiden Ausrufe anschließen werden. Wiederum markiert Rossini den Halbschluss am Ende dieses Adagio mit einem „Ah!", bevor dann tatsächlich der schnelle Satz der Sonatensatzform beginnt – mit dem bereits bekannten musikalischen Sechzehntel-Gedanken, nun in F-Dur statt wie vorher in f-Moll. Am Ende der langen Exposition montiert Rossini wie am Beginn die beiden fragmentierten Choreinwürfe in den Orchestersatz, diesmal in den letzten Dominant-Akkord der Kadenz, nur von zwei Allegro-Takten unterbrochen und in C-Dur statt in f-Moll. Ohne die „Ah!"-Seufzer folgt eine auf vier Takte verkürzte Variante des Adagio mit dem dritten und vierten Vers des Chors, bevor im Allegro das anschließt, was der Sonatensatzform noch gefehlt hatte: ein modulierender Abschnitt an Stelle der Durchführung und die vollständige Reprise in C-Dur – nun ohne weitere Interventionen des Chors.

Die musikalische Struktur dieser Interpolationen lässt vermuten, dass Rossini die Choreinwürfe nachträglich in eine bereits fertig konzipierte Ouvertüre eingefügt hat. Ganz unabhängig von der Frage nach dem nicht mehr zu klärenden Entstehungsprozess dieser verwegenen Eröffnung drängt sich eine andere Überlegung auf. Als Motiv für Rossinis Konventionsbruch wird man nicht nur dessen unbändige Experimentierfreude vermuten dürfen, sondern auch die exzeptionelle Qualität des Chors am Hoftheater von Neapel. Die prominenten Chorpartien in der nur drei Wochen zuvor aufgeführten Neufassung seiner Fastenoper *Mosè in Egitto* und in der Bardenoper *La donna del lago* im Herbst desselben Jahres 1819 zeigen, dass Rossini sich wiederholt von den Möglichkeiten eines im modernen Sinne professionellen Chors anregen ließ. Eine vergleichbare oder noch höhere Qualität des Chors stand ihm wenig später auch in Paris zu Gebote, und in der Tat kann man *Le siège de Corinthe* (1826), *Moïse* (1827) und vor allem *Guillaume Tell* (1829) als veritable Choropern bezeichnen. In anderen Städten Italiens wie Venedig, Mailand oder Rom finden sich anspruchsvollere Chorpartien dagegen erst nach 1840.

Dass Berlioz, Gounod oder Meyerbeer um den einzigartigen Präzedenzfall von *Ermione* wussten, kann übrigens so gut wie ausgeschlossen werden. Rossinis Oper wurde nach der Uraufführung am 27. März 1819 nur sechs weitere Male gespielt, immer in Neapel, danach erst wieder am Ende der 1980er-Jahre. Auch war vor 1996 der Notentext der Oper niemals gedruckt worden. Allenfalls wäre denkbar, dass Donizetti während seines ersten langen Aufenthalts in Neapel (zwischen 1823 und 1830) von dieser unkonventionellen Ouvertüre erfahren und somit eine Anregung für seine Ouvertüre zu *Les martyrs* erhalten haben könnte.

Mitten im Gespräch

In fast allen Experimenten, wie man die musikalische Eröffnung einer Oper abwechslungsreich gestalten konnte, ging es um Abstufungen des Prinzips „medias in res", des „Knall auf Fall". Offensichtlich entsprach es im 19. Jahrhundert verbreiteten Bedürfnissen, schon am Beginn einer Partitur dramaturgisch stringente Lösungen zu präsentieren – vom Verzicht auf die konventionelle Ouvertüre bis zum völligen Wegfall irgendeiner Eröffnungsmusik. Eine besonders radikale Lösung für einen unvermittelten Einstieg in die Bühnenhandlung fand Verdi in seiner Oper *Simon Boccanegra*, auch wenn dies nur indirekt mit der Frage der Ouvertüre oder einer kürzeren Eröffnungsmusik zusammenhängt. Verdi hat diese 1857 in Venedig uraufgeführte Oper fast ein Vierteljahrhundert später grundlegend für eine Neuproduktion an der Mailänder Scala überarbeitet. In beiden Fassungen folgt auf ein Orchestervorspiel ein Gespräch zwischen Paolo und Pietro, dessen Beginn mehr als ungewöhnlich ist. Paolo fragt „Che dicesti?..." („Was sagtest Du?..."). Wir sind also Zeugen eines Gesprächs, dessen Anfang uns für immer verborgen bleiben wird. Dieser Geniestreich geht offensichtlich auf Verdi selbst zurück. Bereits in seiner Prosaskizze, die sein „Librettist" nur noch in Verse zu übertragen hatte, heißt es: „Che dici?" Gewiss: Auch in der literarischen Vorlage, dem gleichnamigen spanischen Drama von António García Gutiérrez aus dem Jahre 1843, setzt der Dialog mit einer Frage (Piettros) ein. Dort ging es aber um die Begrüßung Paolos, also um den Beginn eines Gesprächs.

Der Dialog mit der eröffnenden Frage „Che dicesti?..." erscheint in beiden Fassungen von Verdis Oper mit denselben Worten. Aber erst in der Neufassung von 1881 kommt der von Verdi intendierte unvermittelte Sprung voll zur Geltung. Denn 1857 war bei geschlossenem Vorhang ein „Preludio" gespielt worden, in der Art einer Potpourri-Ouvertüre. Zwischen dem lärmigen Eröffnungsteil und dem langsamen Verklingen im dreifachen Pianissimo lässt Verdi in nur knapp zwei Minuten nicht weniger als sechs melodische Momente aus der folgenden Oper Revue passieren: zunächst eine Variante der (1881 ersatzlos gestrichenen) Hymne an den Dogen „Viva Simon!..." aus dem Finale des ersten Aktes, dann den Schmerzensschrei des Chors „È morta!" aus Fiescos Arie im Prolog, den Beginn der Cabaletta im Duett zwischen dem Titelhelden und seiner Tochter Amelia („Figlia! a tal nome palpito"), schließlich eine Variante des Chors „All'armi, all'armi, o Liguri" aus dem Finale des zweiten Aktes. In der Coda des in sich geschlossenen Vorspiels klingen dann noch ein Fragment aus dem Duett Simon-Fiesco im dritten Akt und das „Miserere" aus der Arie Fiescos im Prolog an.

In der Neufassung fehlt ein „Preludio", jedenfalls hat Verdi auf diesen Titel verzichtet. Die instrumentale Eröffnung umfasst hier nur noch

27 Takte, etwas mehr als eine Minute. Trotz der radikalen Verkürzung hielt Verdi an derselben Eröffnungstonart fest. In E-Dur malt er ein nachgerade impressionistisches Stimmungsbild mit wogenden Bewegungen der Streicher und fast ziellos wirkenden Modulationen, um die Bewegung des Meers anzudeuten, das für den Titelhelden, einen ehemaligen Seeräuber, aber auch für den Handlungsort Genua eine zentrale Rolle spielt. Diesmal hören wir aber nicht eine Musik, die gleichsam aus der Opernpartitur herausgeschnitten wurde. Im Gegenteil: Wiederholungen der wogenden Bewegung strukturieren anschließend das Gespräch der beiden Nebenfiguren und des wenig später hinzutretenden Boccanegra in diesem zu Verdis Lebzeiten ziemlich erfolglosen Werk.

Von Ferne betrachtet ähnelt Verdis Sprung mitten in die Handlung der bereits genauer betrachteten Eröffnungsszene von Berlioz' *Les troyens*. Dort hatte der französische Komponist mit weniger offensichtlichen Mitteln einen ähnlichen Effekt gesucht. Der Chor beginnt dort zu singen, bevor der Vorhang sich öffnet, anders formuliert: Der Vorhang hebt sich mitten in einer Phrase des Chors, so wie er sich in Verdis *Simon Boccanegra* mitten in einem Gespräch hebt.

„Bevor die Musik beginnt"

Der Sprung direkt in die Handlung, also der (fast) völlige Verzicht auf eine instrumentale Einleitung wird am Ende des 19. Jahrhunderts zur Selbstverständlichkeit. Prominente Beispiele sind Verdis letzte Oper *Falstaff* (1893) und Puccinis wenig später komponierte *La bohème* (1896). Dabei erscheint Puccinis Partitur noch ein wenig radikaler als das Werk des damals schon 79-jährigen Verdi. In *Falstaff* finden wir die Anweisung, dass sich der Vorhang im vierten Takt eines turbulenten Allegro vivace öffnet. Bei Puccini steht dagegen bereits über dem allerersten Takt mit derselben Tempoanweisung „Allegro vivace": „Si alza subito il sipario" („Der Vorhang öffnet sich plötzlich"). Beiden Kompositionen ist gemein, dass – wie in *Les troyens* und wie in der zweiten Fassung von *Simon Boccanegra* – die Motivik der Orchesterbegleitung während der ersten Einsätze der Singstimmen beibehalten wird. Misst man den Einsatz des Gesangs mit chronometrischer Präzision, erklingen die ersten gesungenen Töne bei Verdi schon im achten Takt, nach weniger als 15 Sekunden, bei Puccini dagegen erst in T. 40, nach etwas mehr als 20 Sekunden.

In Puccinis Gesamtwerk ist *La bohème* nur ein Beispiel für diese Dramaturgie des „medias in res". Schon in seiner zweiten Oper *Edgar* forderte der Komponist, der Vorhang solle hochgezogen werden, bevor die Musik einsetzt. Auch die erste der drei Opern des *Trittico* folgt diesem Muster, in *Il tabarro* (New York City 1918) sogar mit der Formulierung: „Il velario si apre prima che incominci la musica." („Der Vorhang öffnet sich, bevor die Musik beginnt.") Diese Vorschrift lässt vermuten, dass Puccinis Anweisungen für *Edgar* und *La bohème* in der Praxis regelmäßig missachtet worden waren, denn warum hätte er sonst auf dem Wort „prima" insistiert?

Für keine seiner insgesamt zwölf Opern hat Puccini eine Ouvertüre geschrieben, in zwei Fällen immerhin ein klar von der Handlung abgesetztes, in sich geschlossenes „Preludio". Bei seinem Erstling *Le Villi* mag eine solche Fortschreibung der Tradition nicht überraschen, in einem Werk aus seinem sechsten Lebensjahrzehnt wie *La fanciulla del West* (New York City 1910) umso mehr. Dieser Opern-Western beginnt mit einem symphonischen Vorspiel in einer der bevorzugten Tonarten der Ouvertüren-Tradition, nämlich C-Dur, derselben Tonart, in der schon das „Preludio" zu *Le Villi* stand. In beiden Fällen enden die Vorspiele überdies mit einer vollständigen Schlusskadenz und einer Pause; die eigentliche Oper beginnt erst danach.

In seinen anderen zehn Opern schreitet Puccini dagegen verschiedene Mittelwege aus. In *Manon Lescaut* (Turin 1893) zählen wir 29 Takte eines stilisierten Menuetts vor dem Öffnen des Vorhangs, in *Madama Butterfly* eine umfangreiche und sehr bewegte Einleitung, deren Kopfmotiv augenzwinkernd auf Smetanas Ouvertüre zu *Prodána nevěsta* anspielt – um was sonst geht es in dieser „japanischen Tragödie" als um eine „verkaufte Braut"? In der Partitur zu *Suor Angelica*, der zweiten Oper des bereits erwähnten *Trittico*, griff Puccini erneut zu einer apodiktischen Formulierung. Die Anweisung „a sipario calato" schreibt penibel genau vor, dass nur vier Orchestertakte „bei geschlossenem Vorhang" zu spielen sind. In *Gianni Schicchi* sind es 23 Takte, also etwa eine halbe Minute Musik, in *Tosca* mit der wie in Stein gemeißelten Abfolge von drei „forte fortissimo", „con tutta forza" zu spielenden Akkorden in B-Dur-, As-Dur- und E-Dur gerade nur drei Takte. Puccinis unglaubliches Gespür für eine dramaturgisch stringente Zeitgestaltung wird also – kaum überraschend – auch vom genauen Blick auf die Eröffnung seiner Opern bestätigt. Die mehr oder weniger lakonisch wirkende Musik ist konsequent der Spannungskurve des Dramas untergeordnet.

Ein Sonnenaufgang in Japan

Ganz anders bei Pietro Mascagni. Den Namen dieses Komponisten verbinden wir heute fast nur noch mit seinem Erstling *Cavalleria rusticana*, einem rustikalen Einakter, auf dessen Eröffnung noch einzugehen ist. Auf den ersten Blick lässt sich in seinen Einleitungsmusiken eine ähnliche Spannbreite feststellen wie beim fünf Jahre älteren Puccini – von längeren über kürzere Vorspiele bis hin zu Musiken, die sogleich den Rhythmus der Eröffnungsszene vorgeben. In seiner Komödie *L'amico Fritz* (Rom 1891) bezeichnete er das Orchestervorspiel sogar als „Preludietto", was angesichts eines Umfangs von nicht weniger als 158 Takten und aufgrund von dessen geschlossenem Charakter als kokettes Understatement wirkt.

Dennoch sollte Mascagni sieben Jahre später der Oper *Iris* (Rom 1898) ein – als solches nicht bezeichnetes – Vorspiel von fast monumentalen Dimensionen voranstellen. Es gehört offensichtlich zum Drama, zur Tragödie um eine japanische Geisha, die nur in ihrem Glauben an eine göttliche Sonne Halt findet. Auch wenn dies nur stillschweigend vorausgesetzt wird, ist es bei geöffnetem Vorhang zu spielen. Die wortreichen Szenenanweisungen verdeutlichen, dass das Orchester zunächst im Andante sostenuto „La notte", die Nacht zeichnet, dann „I primi albori", die ersten Morgenstrahlen, hierauf in einem Andante meno sostenuto „I fiori", die Blumen, dann „L'aurora", die Morgenröte und schließlich im konsequenten Crescendo ab T. 92 „I primi raggi", die ersten Sonnenstrahlen und ab T. 125 „Il sole", die Sonne. In diesen letzten beiden Abschnitten personifiziert ein unsichtbarer Chor die Sonne selbst. Sie sei „das Leben, die unendliche Schönheit, das Licht und die Wärme". Mascagnis tonal geschlossenes Vorspiel hat einen sehr traditionellen Aufbau, es handelt sich gleichsam um eine „Symphonie" in D-Dur. Doch ist diese Instrumentalkomposition im Sinne einer Symphonischen Dichtung konsequent mit tieferer Bedeutung aufgeladen. Dabei riskiert sie mit seiner Länge von nicht weniger als 144 Takten genau das zu verfehlen, was eigentlich erreicht werden sollte, das „Zoomen" in die Handlung. Sehr spät, erst nach dem Ende des Vorspiels sehen wir die Titelfigur vor ihrem kleinen Haus. Sie erinnert sich im Selbstgespräch an einen Traum, in der ihr die Sonne erschienen war.

Mascagnis Idee einer symbolistisch drapierten Inszenierung eines Sonnenaufgangs scheint die Metapher der Morgendämmerung und des Erwachens der Natur aufzugreifen, die über hundert Jahre zuvor Grétry in seiner Ouvertüre zu *Le jugement de Midas* oder Martini in jener zu *Le droit du seigneur* realisiert hatten. Nichts spricht dafür, dass Mascagni diese längst vergessenen Partituren gekannt haben könnte. Offensichtlich liegen für den Beginn einer Handlung Naturmetaphern nahe. Als äußeres Motiv kamen für Mascagni sicher auch die Beleuchtungsmöglichkeiten im 1880 neu erbauten Teatro Costanzi in Rom hinzu. Zu einer Zeit, als die meisten Opernhäuser noch an der erst nach 1850 durchgesetzten Gasbeleuchtung festhielten, mag die Faszination neuer Technik erklären, dass sich ein Komponist der Jahrhundertwende in einem charakteristischen Sonderfall so weit vom Prinzip des „medias in res" entfernen konnte.

Eine nachgelieferte Ouvertüre

Wieder eine andere Lösung für die Frage, wie die Vorgeschichte der Handlung musikalisch präsentiert werden könnte, hatte Heinrich Marschner gefunden. Das Libretto zu seiner zunächst sehr erfolgreichen, heute weitgehend vergessenen Oper *Hans Heiling* (1833) hatte der schriftstellernde Opernsänger Eduard Devrient 1827 Felix Mendelssohn Bartholdy vorgeschlagen. Devrients Berliner Freund hatte es aber abgelehnt, weil „ihm die Gestalt" der zwischen den Erdgeistern und den Menschen hin- und hergerissenen Titelfigur „unsympathisch" war.[1] In diesem Libretto vergegenwärtigt eine als „Vorspiel" bezeichnete Szenenfolge in der Art eines sehr kurzen ersten Aktes die Vorgeschichte. Eine ähnliche Trennung zwischen Vorgeschichte und eigentlicher Handlung finden wir auch noch Jahrzehnte später, vor allem in italienischen Opern des 19. Jahrhunderts, etwa in Verdis *Simon Boccanegra* oder in dessen *La forza del destino*. Letztlich handelt es sich hier um unvermeidbare Kollateralschäden der Abkehr von den pseudo-aristotelischen Einheiten im romantischen Theater, insbesondere von derjenigen der Zeit. Wenn Vorgeschichten ausführlicher entfaltet werden, ist nicht mehr eindeutig, was Prolog und was erster Akt ist.

In *Hans Heiling* eröffnet Marschner dieses nach seiner genauen Messung „14 Minuten" dauernde „Vorspiel" mit einer Orchestereinleitung, die unmittelbar zum ersten Chor der Erdgeister führt. Das Orchester spielt 25 Takte lang im Allegro agitato dissonant Akkordfortschreitungen über einem Orgelpunkt. Bereits in T. 16, also nach weniger als 30 Sekunden, öffnet sich der Vorhang und gibt den Blick frei auf „eine unterirdische, von röthlich trübem Licht erhellte Höhle".

In diesem Prolog ersetzt also eine sehr knappe Orchestereinleitung die traditionelle Ouvertüre. Danach folgt auf den ersten Auftritt des Titelhelden ein Duett mit der Königin der Erdgeister, bevor ein Schlusschor die Szenenfolge beschließt. Doch stellte sich für Marschner gleichwohl die Frage nach einer Ouvertüre. Seine umständlichen Überlegungen zu diesem Punkt verdienen eine genauere Betrachtung. Schon vor dem Beginn der eigentlichen Kompositionsarbeit benannte er das von ihm erkannte Problem. Denn er wollte gleichwohl eine Ouvertüre, nur eben nicht am Anfang der Oper. Am 8. Juli 1831 schrieb er seinem Librettisten, dessen „Idee, hinsichtlich des Vorspieles, der Ouvertüre wegen" setze ihn „in einige Verlegenheit".

> „Meines Erachtens kann sie [die Ouvertüre] dem Vorspiel nicht vorangehen, und laß ich sie nachfolgen, gleichsam dem letzten Chor entströmend [...], so würde das Publikum aller Orten, obwohl die Idee und die Form neu wäre, wenig darauf achten und den üblichen Entreact-Spektakel vollführen, nichts weniger ahnend als das nun erst eigentliche Beginnen der Oper."[2]

Er sah also die Gefahr, dass Instrumentalmusik bei geschlossenem Vorhang nicht mit einem konzentrierten Publikum rechnen konnte. Dennoch beharrte er auf einer eigentlichen Ouvertüre nach dem Ende des „Vorspiels". Am 8. Januar 1832 berichtete er Devrient: „Nach dem Vorspiel geht die Musik gleich zur Ouvertüre über, die, weil sie nun schon fertig ist, ich mir einmal nicht nehmen lasse."[3] Nachdem der Vorhang über dem Vorspiel gefallen ist, hört das Publikum – nach einer „Pause von höchstens 2 Minuten", wie Marschner penibel genau in seiner Partitur am Ende des „Vorspiels" vermerkte – eine sozusagen nachgeholte Ouvertüre. In Sonatensatzform mit einer langsamen Einleitung, in der die instrumentale Eröffnung des dritten Aktes vorweggenommen wird, prägt sie alle Merkmale einer symphonischen Ouvertüre aus. Am Ende wird strahlendes F-Dur die düstere Grundtonart f-Moll verdrängen, bevor sich dann der Vorhang ein zweites Mal öffnet, diesmal über Heilings Wohnung auf der Erde. In der Tat wird die Oper trotz aller grausigen Verwicklungen zu einem glücklichen Ausgang finden.

Devrient, der bei der Berliner Uraufführung die Titelrolle singen sollte, war von dieser sehr unkonventionellen Lösung gar nicht begeistert, wie wir der Antwort Marschners vom 31. (sic!) September 1832 entnehmen können:

> „Ich komme nun zur Ouvertüre, dessen Largo Sie lieber dem Vorspiel vorangesetzt sähen, und die ganze Ouvertüre hinweg [also gestrichen]. [...] Das Vorspiel wie es ist, ist und muß von der Oper geschieden sein und blei-

ben, worüber wir ja schon früher einig waren [...]. Sie meinen, außer dem Platze, an welchem sie stehe (die Ouvertüre) sei nichts neu an ihr, und sie scheine auch in keinem notwendigen Zusammenhange mit der Oper zu stehen. Dies scheint mir ein kleiner Irrtum zu sein. [...] Ich habe mir nur den Gemütszustand Heilings, Annas und Konrads als Vorwurf gestellt [... und ...] auch einmal denen genügen wollen, die statt eines Index lieber eine *praefatio* hören. [...] Da sie also zur Oper und nicht zum Vorspiel gehört, so steht sie wohl an ihrem Platze."[4]

Ähnliche Dynamiken können auch in der Aufführungsgeschichte von Verdis *La forza del destino* beobachtet werden. Hier gab es im 20. und 21. Jahrhundert Inszenierungen (zuletzt wohl in Zürich 2005), in der die große Ouvertüre von 1869 erst nach dem ersten Akt als Eröffnung der „eigentlichen" Oper am Beginn des zweiten Aktes gespielt wurde, während vor dem ersten Akt das kurze „Preludio" von 1862 zu hören war.

Vier Ouvertüren für einen „Klassiker"

Sehr wahrscheinlich knüpften die Verantwortlichen für die De-Platzierung von Verdis Ouvertüre an den merkwürdigen Umgang mit Beethovens einziger Oper an. Seit dem mittleren 19. Jahrhundert wurde in *Fidelio* immer wieder eine zweite Ouvertüre hineinmontiert, obwohl der Komponist in seiner definitiven Werkfassung von 1814 alle älteren Ouvertüren durch eine wesentlich kürzere Neukomposition in E-Dur ersetzt hatte. Angeblich geht diese Praxis auf eine von Gustav Mahler geleitete Neuproduktion an der Wiener Hofoper vom 7. Oktober 1904 zurück. Dabei hatte Mahler eine ähnliche Lösung schon zwei Jahrzehnte zuvor für eine Aufführung am Deutschen Landestheater in Prag gewählt. Indes war er nicht der erste Dirigent gewesen, der sich für eine der sogenannten „Leonoren-Ouvertüren" mit ihrem symphonischen Anspruch begeistert hatte. Um eine Schneise in das Dickicht der verwickelten Rezeptionsgeschichte von Beethovens *Fidelio* zu schlagen, bedarf es in diesem ausgedehnteren Kapitel zunächst eines Überblicks über die nicht weniger verwickelte Werkgeschichte. In einem zweiten Schritt können dann einige Stationen der Rezeption der Oper mit ihren verschiedenen Ouvertüren umrissen werden. Dabei wird sich zeigen, dass es in einer Epoche der zunehmenden Zurückdrängung der Orchestermusik vor dem Öffnen des Vorhangs in einem charakteristischen Einzelfall auch zu einer gegenläufigen Bewegung kommen konnte. Sicher nicht zufällig geschah dies mit einer Oper eines „Klassikers", die gleich nach dessen Tod in den Rang eines „Meisterwerks" erhoben worden war.

Beethoven hat von seiner einzigen Oper drei verschiedene Fassungen zur Aufführung gebracht: zunächst diejenige in drei Akten, die unter dem Titel *Fidelio* am 20. November 1805 und zwei weitere Male am Theater an der Wien mit einer Ouvertüre gegeben wurde, die heute als „zweite Leonoren-Ouvertüre" (im folgenden „Leonore II") bezeichnet wird. Eine zweite, nur zweiaktige Fassung folgte am 29. März und am 10. April 1806 am selben Theater mit der sogenannten „dritten Leonoren-Ouvertüre" (im folgenden „Leonore III") – im Librettodruck als *Leonore* betitelt, auf dem Theaterzettel der beiden Aufführungen unverändert als *Fidelio*. Eine weitere, die sogenannte „erste Leonoren-Ouvertüre" komponierte Beethoven 1807 für eine Aufführung in Prag, die nicht zustande kommen sollte. Es ist zweifelhaft, ob sie zu seinen Lebzeiten je gespielt wurde. Das letzte Wort sprach er dann mit der zweiaktigen Neufassung als *Fidelio*, für die er eine vierte Ouvertüre vorsah. Diese sogenannte „Fidelio-Ouvertüre" in E-Dur war erst bei der zweiten Vorstellung am 26. Mai 1814 zu hören, denn Beethoven hatte sie nicht rechtzeitig fertiggestellt. Bei der Uraufführung der dritten und letzten Fassung seiner Oper am 23. Mai hatte man als Notlösung zu seiner Ouvertüre zu Kotzebues Festspiel *Die Ruinen von Athen* gegriffen.

Seitdem hat sich *Fidelio* weltweit im Repertoire etabliert. Niemand stellte in den ersten Jahren nach der Uraufführung die Ouvertüre der definitiven Fassung in Frage. Nur im Konzert erschien gelegentlich „Leonore III", die Beethoven bereits 1810 zum Druck gegeben hatte. Im Opernhaus war wohl Franz Lachner der erste, der die Ouvertüre von 1806 anstelle derjenigen zu *Fidelio* spielen ließ. Bei der von ihm geleiteten Aufführung an der Wiener Hofoper am 26. März 1832 (siehe Abb. 1) ging es vermutlich auch darum, den fünften Todestag Beethovens zu zelebrieren. Publikum und Kritik waren begeistert, bei einer Aufführung von *Fidelio* die wenig bekannte „Leonore III" zu hören. In einem Wiener „Unterhaltungsblatt" war zu lesen:

> „Wenn man dieses herrliche, großartige Werk [‚Leonore III'] heute hörte, konnte man kaum begreifen, wie es eine Zeit geben konnte, die nach einem andern verlangte [...]. Das Publicum verlangte die Wiederhohlung dieser Ouverture, welche auch bereitwillig und wo möglich in noch größerer Vollkommenheit geleistet wurde."[5]

Abb. 1 Der Theaterzettel der von Franz Lachner am 26. März 1832 geleiteten *Fidelio*-Aufführung weist ausdrücklich auf die Neuerung der noch nie in der Wiener Hofoper gespielten Ouvertüre „Leonore III" hin

Mit Sicherheit bei einigen, sehr wahrscheinlich bei allen folgenden siebzehn Aufführungen in Wien bis zum 30. November 1837 wurde an dieser Praxis festgehalten. Auch in Deutschland übernahmen einige Theater Lachners Eingriff, in Weimar bereits am 30. April 1836. Gelegentlich findet diese Praxis noch heute Anhänger, etwa Kent Nagano als Dirigent einer Hamburger Produktion vom Januar 2018.

Warum Lachner die Ouvertüren austauschte, geht aus den erhaltenen Dokumenten nicht hervor. Vermutlich schien in den 1830er-Jahren ein Instrumentalstück mit einem direkten Bezug zur Handlung geeigneter als eine Ouvertüre, die wie diejenige von 1814 keine melodischen Bezüge zur Oper ausprägt. Dagegen wird in „Leonore III" das Trompetensignal vorweggenommen, das im zweiten Akt die Ankunft des Ministers und damit Florestans Befreiung ankündigt. Zudem dürfte nach dem Aufstieg Beethovens in den Olymp der „Klassiker" eine Ouvertüre, die eine gute Viertelstunde dauert, den Erwartungen an sein „Meisterwerk" besser entsprochen haben als die nur halb so lange E-Dur-Ouvertüre. Wie sehr sich in nur zweieinhalb Jahrzehnten ästhetische Vorlieben verschoben hatten, zeigt ein Bericht, der 1806 in Berlin erschienen war. Unter dem Titel *Aus Wien* wird dort die im Augarten-Konzert gespielte „Leonore III" rüde abqualifiziert: „Vor kurzem wurde die Ouverture zu seiner Oper Fidelio [...] gegeben, und alle parteilosen Musikkenner und Freunde waren darüber vollkommen einig, daß so etwas Unzusammenhängendes, Grelles, Verworrenes, das Ohr Empörendes schlechterdings noch nie in der Musik geschrieben worden sey. Die schneidendsten Modulationen folgen aufeinander in wirklich gräßlicher Harmonie, und einige kleinliche Ideen, welche auch jeden Schein von Erhabenheit daraus entfernen, [...] vollenden den unangenehmen, betäubenden Eindruck"[6] einer Komposition, die 1815 auch von Amadeus Wendt, dem Leipziger Erfinder des Labels „Wiener Klassik" als „unmässig lang" gescholten werden sollte.[7] Was aber Beethovens Zeitgenossen ein Manko schien, galt offenbar 1832 als Ausweis für die Größe des Komponisten. Im Umkehrschluss wurde der „Fidelio-Ouvertüre" – um nur zwei spätere Stimmen zu zitieren – von Edgar Istel 1919 „muntere Harmlosigkeit" attestiert,[8] Wilhelm Furtwängler tat sie 1942 als „kleinere, unbedeutendere" ab.[9]

Nach diesem Vorgriff auf das 20. Jahrhundert wieder zurück in die Jahrzehnte nach Beethovens Tod: Als der Opernkomponist Otto Nicolai im Sommer 1841 sein Amt als Kapellmeister an der Wiener Hofoper antrat, nahm er nach fast vier Jahren Pause *Fidelio* wieder ins Programm. Auf dem Abendplakat vom 29. September 1841 war zu lesen: „Zwischen den beiden Acten wird Beethovens große Ouverture zur ‚Leonore' aufgeführt werden." Solche Hinweise sind auf den kargen Theaterzetteln der Zeit ausgesprochen selten, noch zu Mahlers Zeiten am Beginn des 20. Jahrhunderts wurde dort nicht einmal der Name des Dirigenten genannt. Nicolai ging es also um maximale Aufmerksamkeit für seine eigenwillige Entscheidung. Offenbar wollte er zu Beethovens Eröffnung der Oper in der definitiven Fassung von 1814 zurückkehren, gleichzeitig aber die Liebhaber der „Leonore III" nicht enttäuschen. Wahrscheinlich standen seine Entscheidungen auch im Zusammenhang mit latenten Spannungen im Zeichen des aufkommenden Nationalismus. Während die Verantwortlichen im Hofstaat italienische Opern, zudem in der Originalsprache, bevorzugten und deshalb mit Bartolomeo Merelli einen in der Lombardei vernetzten Impresario engagiert hatten, wuchs der Anteil von Zuschauern, die deutschsprachige Opern bevorzugten. Womöglich ging es dem aus Italien nach Wien gekommenen Nicolai um ein Zeichen für einen „Klassiker" deutscher Sprache gleich am Beginn seiner Amtszeit. Jedenfalls schrieb er am 24. Oktober 1841 voller Stolz: „Ich ließ zwischen den beiden Akten die große Ouverture zur ‚Leonore' aufführen und habe mir dadurch beim Publikum einen großen Stein im Brett gewonnen."[10]

Ein Kritiker bemäkelte zwar die „mangelhafte Besetzung" der Gesangspartien, war aber des Lobes voll für „das lebensprühende Athmen, Seufzen, Wallen und Stürmen des Orchesters [...] Die zwey Ouverturen in E und C trieben Flammen und Blüthen hervor. Das Orchester glühte. Capellmeister Nicolai dirigirte begeisternd."[11] Schon knapp drei Jahre später war in der Zeitschrift *Der Humorist* zu lesen, „wie immer" sei „zwischen den beiden Akten die ‚Leonore'-Ouverture, diesmal unter Hrn. Prochs Direktion" gespielt worden.[12] Nicolais Neuerung hatte also Schule gemacht. Auch anderswo wurde diese Praxis übernommen, in Weimar zum Beispiel schon am 20. April 1842. Berlioz erinnerte sich 1860, in Deutschland und England sei es in den „führenden Theatern" üblich, „Leonore III" vor dem zweiten Akt zu spielen.[13] Genauso geschah es dann auch in Prag am Deutschen Landestheater, am 5. August 1885 unter Anton Seidl, bei der Wiederaufnahme am 9. Juli 1886 unter Gustav Mahler. Im *Prager Tagblatt* wetterte der Musikkritiker Carl Tobisch gegen diese längst konsolidierte Tradition:

> „Herr Capellmeister Mahler [...] brachte zwei Ouverturen, zu Anfang jene in E-Dur, und im Entr'act jene in C mit dem Trompetensignal, zur Aufführung. Unsere Ansicht, daß die letztere, deren ausgezeichneter Ausführung stürmischer, langanhaltender Beifall folgte, die Oper einleiten soll, in den Zwischenact geschoben, aber den vom Tondichter so wunderbar vorbereiteten Uebergang aus dem leise ausklingenden ersten Finale in die dumpfe Kerkernacht des Gefangenen zerreißt und sich an diesem Platze überhaupt ausnimmt, als würde der Prolog zu einem Drama etwa in der Mitte der Aufführung dieses letzteren gesprochen, wurde bereits zu wiederholtenmalen dargelegt, vermag aber an dem eigensinnig festgehaltenen Usus nichts zu ändern."[14]

Liest man Tobischs Argumentation genau, scheint im Verweis auf den „Uebergang" die damals noch selbstverständliche Praxis auf, die beiden Akte nicht durch eine Pause zu trennen, in der das Publikum den Zuschauerraum verließ. Erst an der Wende zum 20. Jahrhundert sollte sich diese heute so „natürlich" scheinende Konvention durchsetzen (siehe oben, S. 67). Die im *Prager Tagblatt* aufgeworfenen ästhetischen und dramaturgischen Fragen hatten aber zumindest einen Dirigenten umgetrieben, den als Förderer Wagners bekannten Wendelin Weißheimer. Auf dem Theaterzettel einer von ihm dirigierten Aufführung des *Fidelio* in Bern am 16. Februar 1883 heißt es mit helvetischer Präzision: „Fünf Minuten nach Schluß des ersten Aktes beginnt der Vortrag der großen Leonoren-Ouvertüre in C hierauf zehn Minuten Pause."[15]

Für Mahler waren solche Überlegungen offenbar genauso unerheblich wie für heutige Anhänger von „Leonore III". Dabei erscheint die Problematik in der heutigen Praxis nochmals zugespitzt. Opernbesucher, die nach einer längeren Pause in den Zuschauerraum zurückkehren, werden „Leonore III" und den finsteren Beginn des zweiten Aktes noch sehr viel enger aufeinander beziehen als das Publikum des späten 19. Jahrhunderts. Doch zurück zu Mahler: Anlässlich der Neuproduktion von *Fidelio* für die Wiener Hofoper vom 7. Oktober 1904 in der Inszenierung von Alfred Roller (siehe Abb. 2) hatte er einen anderen Platz für „Leonore III" gewählt: nicht vor dem ersten Akt, auch nicht zwischen den beiden Akten, sondern unmittelbar vor dem Finale der Oper – sozusagen als „Intermezzo sinfonico" (siehe Abb. 3). Dieselbe Lösung sollte neuerdings noch Franz Welser-Möst bei den Salzburger Festspielen von 2015 aufgreifen.

Es ist nicht klar, inwieweit Mahlers Entscheidung äußeren Notwendigkeiten geschuldet war. Anscheinend benötigte die Bühnentechnik viel Zeit „für die Verwandlung vor dem Finale, welches den Paradeplatz des Schlosses zeigen soll", weshalb man „auf eine Umbaupause nicht verzichten" konnte.[16] Jedenfalls konnten solche Legitimationsversuche das überwiegend negative Echo der Presse nicht abwenden. Ein anonymer Wiener Kritiker schimpfte:

> „Ein weiterer Verstoß gegen den guten Geschmack ist das Einschieben der großen Leonoren-Ouverture zwischen die Kerkerscene und das Finale. Hier hat Beethoven ohne Zweifel dramatischer empfunden als seine Verbesserer, indem das jubelnde Duett, das die beiden Wiedervereinigten in der düsteren Kerkernacht singen, sofort, von den hellen und glänzenden Trompetenklängen des Finales abgelöst, ins Licht des Tages hinübergeführt. Statt dessen erzählt uns nun das Orchester mit größter Breite all das wieder, was wir soeben mit eigenen Augen gesehen, mit klopfendem Herzen erlebt haben."[17]

Als Felix Weingartner 1908 die Direktion der Wiener Hofoper von Gustav Mahler übernahm, war die erste von ihm selbst dirigierte Opernaufführung am 23. Januar ausgerechnet *Fidelio*. Das Publikum sah „eine für notwendig erachtete Umszenierung", nachdem Mahlers Nachfolger – immer in den Worten von Max Kalbeck – „ein Restitutionsedikt erlassen" hatte.[18] Roller hatte seine Inszenierung entsprechend angepasst: keine „Leonore III" und deshalb auch kein Umbau vor dem letzten Finale, aber auch keine „Fidelio-Ouvertüre" zu Beginn, sondern stattdessen „Leonore II", in der ebenfalls das Trompetensignal erklingt, das für die Befreiung Florestans steht.

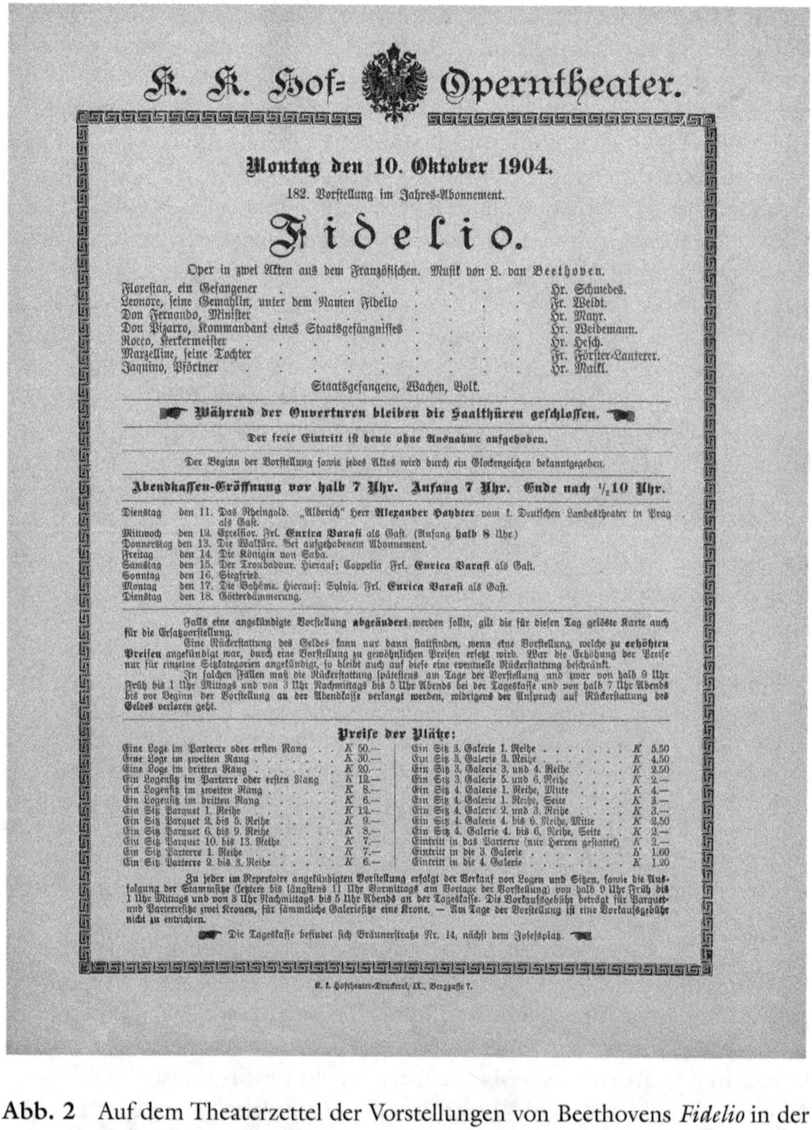

K. K. Hof-Operntheater.

Montag den 10. Oktober 1904.

182. Vorstellung im Jahres-Abonnement.

Fidelio.

Oper in zwei Akten aus dem Französischen. Musik von L. van Beethoven.

Florestan, ein Gefangener	Hr. Schmedes.
Leonore, seine Gemahlin, unter dem Namen Fidelio	Fr. Weidt.
Don Fernando, Minister	Hr. Mayr.
Don Pizarro, Kommandant eines Staatsgefängnisses	Hr. Weidemann.
Rocco, Kerkermeister	Hr. Hesch.
Marzelline, seine Tochter	Fr. Förster-Lauterer.
Jaquino, Pförtner	Hr. Maikl.

Staatsgefangene, Wachen, Volk.

Während der Ouverturen bleiben die Saalthüren geschlossen.

Der freie Eintritt ist heute ohne Ausnahme aufgehoben.

Der Beginn der Vorstellung sowie jedes Aktes wird durch ein Glockenzeichen bekanntgegeben.

Abendkassen-Eröffnung vor halb 7 Uhr. Anfang 7 Uhr. Ende nach 1/2 10 Uhr.

Dienstag	den 11.	Das Rheingold. „Alberich" Herr **Alexander Haydter** vom k. Deutschen Landestheater in Prag als Gast.
Mittwoch	den 12.	Excelsior. Frl. **Enrica Varasi** als Gast. (Anfang **halb 8** Uhr.)
Donnerstag	den 13.	Die Walküre. Bei aufgehobenem Abonnement.
Freitag	den 14.	Die Königin von Saba.
Samstag	den 15.	Der Troubadour. Hierauf: Coppelia Frl. **Enrica Varasi** als Gast.
Sonntag	den 16.	Siegfried.
Montag	den 17.	Die Bohême. Hierauf: Sylvia. Frl. **Enrica Varasi** als Gast.
Dienstag	den 18.	Götterdämmerung.

Falls eine angekündigte Vorstellung **abgeändert** werden sollte, gilt die für diesen Tag gelöste Karte auch für die Ersatzvorstellung.

Eine Rückerstattung des Geldes kann nur dann stattfinden, wenn eine Vorstellung, welche zu **erhöhten Preisen** angekündigt war, durch eine Vorstellung zu gewöhnlichen Preisen ersetzt wird. War die Erhöhung der Preise nur für einzelne Sitzkategorien angekündigt, so bleibt auch auf diese eine eventuelle Rückerstattung beschränkt.

In solchen Fällen muß die Rückerstattung spätestens am Tage der Vorstellung und zwar von halb 9 Uhr Früh bis 1 Uhr Mittags und von 3 Uhr Nachmittags bis 5 Uhr Abends bei der Tageskasse und von halb 7 Uhr Abends bis vor Beginn der Vorstellung **an der Abendkasse** verlangt werden, widrigens der Anspruch auf Rückerstattung des **Geldes verloren geht.**

Preise der Plätze:

Eine Loge im Parterre oder ersten Rang	K 50.—	Ein Sitz 3. Galerie 1. Reihe	K 5.50
Eine Loge im zweiten Rang	K 30.—	Ein Sitz 3. Galerie 2. Reihe	K 4.50
Eine Loge im dritten Rang	K 20.—	Ein Sitz 3. Galerie 3. und 4. Reihe	K 2.50
Ein Logensitz im Parterre oder ersten Rang	K 12.—	Ein Sitz 3. Galerie 5. und 6. Reihe	K 2.—
Ein Logensitz im zweiten Rang	K 8.—	Ein Sitz 4. Galerie 1. Reihe, Mitte	K 4.—
Ein Logensitz im dritten Rang	K 6.—	Ein Sitz 4. Galerie 1. Reihe, Seite	K 3.—
Ein Sitz Parquet 1. Reihe	K 12.—	Ein Sitz 4. Galerie 2. und 3. Reihe	K 3.—
Ein Sitz Parquet 2. bis 5. Reihe	K 9.—	Ein Sitz 4. Galerie 4. bis 6. Reihe, Mitte	K 2.50
Ein Sitz Parquet 6. bis 9. Reihe	K 8.—	Ein Sitz 4. Galerie 4. bis 6. Reihe, Seite	K 2.—
Ein Sitz Parquet 10. bis 13. Reihe	K 7.—	Eintritt in das Parterre (nur Herren gestattet)	K 2.—
Ein Sitz Parterre 1. Reihe	K 7.—	Eintritt in die 3. Galerie	K 1.60
Ein Sitz Parterre 2. bis 3. Reihe	K 6.—	Eintritt in die 4. Galerie	K 1.20

Zu jeder im Repertoire angekündigten Vorstellung erfolgt der Verkauf von Logen und Sitzen, sowie die Ausfolgung der Stammsitze (letztere bis längstens 11 Uhr Vormittags am Vortage der Vorstellung) von halb 9 Uhr Früh bis 1 Uhr Mittags und von 3 Uhr Nachmittags bis 5 Uhr Abends an der Tageskasse. Die Vorkaufsgebühr beträgt für Parquet- und Parterresitze zwei Kronen, für sämmtliche Galeriesitze eine Krone. — Am Tage der Vorstellung ist eine Vorkaufsgebühr nicht zu entrichten.

Die Tageskasse befindet sich Bräunerstraße Nr. 14, nächst dem Josefsplatz.

K. k. Hoftheater-Druckerei, IX., Berggasse 7.

Abb. 2 Auf dem Theaterzettel der Vorstellungen von Beethovens *Fidelio* in der Neuinszenierung unter der Leitung von Gustav Mahler ist ausdrücklich von „Ouverturen" im Plural die Rede. Anscheinend war es ungewöhnlich, dass zu spät eingetroffene Besucher während dieser Ouvertüren nicht (mehr) in den Saal gelassen wurden. Die zunächst auf knapp drei Stunden geschätzte Aufführungsdauer wurde bereits auf dem Theaterzettel der zweiten Vorstellung vom 10. Oktober 1904 korrigiert: Die neue Angabe „Ende nach ½10 Uhr" impliziert, dass die Pause zwischen den beiden Akten weniger als 15 Minuten gedauert haben dürfte

Abb. 3 Florestans Kerker wurde in Alfred Rollers Wiener Inszenierung von Beethovens *Fidelio* aus dem Jahre 1904 von einer Treppe überdacht – deutlich auf dieser Zeichnung zu erkennen, die der langjährige Hoftheatermaler Anton Brioschi, Sohn eines aus Mailand nach Wien zugewanderten Theaterdekorateurs, angefertigt hat. Wenn man der Überlieferung glauben kann, stiegen Leonore und Florestan auf dieser Treppe zur Musik von „Leonore III" zum Licht empor

In verschiedenen Publikationen verteidigte Weingartner seine Vorliebe für die von Beethoven verworfene Ouvertüre aus dem Jahre 1805, zuletzt bei seiner Rückkehr an die Spitze des Hauses am Ring, das inzwischen „Staatsoper" hieß. In einem Gastbeitrag für die *Neue Freie Presse* schreckte er dabei vor Rabulistik nicht zurück:

„Ich glaube, mir das Recht erworben zu haben, in bezug auf Beethoven […] mitreden zu dürfen. Als meinerseits letztes Wort in diesem jetzt schon über ein Vierteljahrhundert alten Streitfall stelle ich die kategorische Forderung, daß Beethovens dramatisches Meisterwerk vom ersten Aufgehen des Vorhanges an so gespielt wird, wie es sein großer Schöpfer nach jahrelanger Arbeit als reife Frucht uns überliefert hat."[19]

Für den Moment vor dem Öffnen des Vorhangs ließ Weingartner aber diese Forderung gerade nicht gelten: „Da [Beethoven] vier Ouvertüren geschaffen hat, so steht frei, welche man als Einleitung wählt." Mehr noch: Trotz seiner unveränderten Vorliebe für „Leonore II" stimmte er 1935 und 1936 dem (faulen) Kompromiss zu, Beethovens Oper „Leonore III" voranzustellen, und „hierauf, nach kurzer Pause" zusätzlich die „Fidelio-Ouvertüre" zu spielen.[20]

Letztlich zeigt sich auch in Weingartners wortreichen Begründungen ein Sendungsbewusstsein, das charakteristisch scheint für den erst am Ende des 19. Jahrhunderts aufgekommenen Typus des Pultstars – Ähnlichkeiten mit dem Gebaren mancher Regisseurinnen und Regisseure in unserer Gegenwart sind wohl kaum zufällig. Eine solche Selbstinszenierung liegt auch einem Text Wilhelm Furtwänglers aus dem Jahre 1942 zugrunde, in dem der Eingriff des nicht genannten Gustav Mahler befürwortet wird; dessen Name erscheint erst im Wiederabdruck in Furtwänglers letztem Lebensjahr 1954 (im folgenden Zitat in eckigen Klammern markiert). Unverhohlen geht es dem Dirigenten um eine Annäherung von Beethovens Oper an Wagners Musikdrama:

> „Einen Platz gibt es nun aber doch innerhalb der Oper, wo die Ouvertüre einen Sinn erhält, wo sie zugleich eine dramaturgische Funktion erfüllt (wenn auch nicht gerade die, die ihr von Beethoven ursprünglich zugedacht war) – den Platz nach der Kerkerszene. An dieser Stelle – es entspricht dies zugleich einer [durch Gustav Mahler geschaffenen] Wiener Tradition – erhält sie eine ähnliche Bedeutung innerhalb des Dramas wie etwa der Trauermarsch nach Siegfrieds Tod in der ‚Götterdämmerung'. Sie wird zum Rückblick über das Vergangene, zur Apotheose."[21]

Nun sind mit diesem detaillierten Bericht immer noch nicht alle Varianten im Umgang mit den verschiedenen Ouvertüren für diese Oper erfasst. Der Kapellmeister Georg Göhler plädierte Anfang des 20. Jahrhunderts dafür, „Leonore III" vor dem Marsch des ersten Aktes zu interpolieren,[22] also dort, wo in der dreiaktigen Fassung von 1805 der zweite Akt begonnen hatte. Eine sechste Variante hatte Arthur Nikisch gewählt, als er 1881 eine *Fidelio*-Aufführung mit „Leonore III" nach dem letzten Finale beschloss. Gewiss: Es ging dabei um den Abschluss einer dreitägigen „Beethovenfeier" zum 111. Geburtstag des Meisters in Leipzig. Am ersten Abend hatte man *Fidelio* mit „Leonore II" zwischen den beiden Akten gegeben, am dritten und letzten Abend mit einer erneuten *Fidelio*-Aufführrung setzte die monumentale Ouvertüre den Schlusspunkt. Trotz dieses ephemeren Ursprungs fand auch diese Form von Denkmalspflege Eingang in die alltägliche Opernpraxis. Offensichtlich galt für *Fidelio* die Notwendigkeit, der Partitur – so ein Karlsruher Kritiker im November 1880 – den „Stempel der pietätvollen Weihe" aufzudrücken, „von welcher jeder Vortrag eines Beethoven'schen Werkes Zeugniß ablegen sollte".[23] So ließ Hermann Zumpe, der im Sommer 1898 in London noch „Leonore III" vor dem zweiten Akt hatte spielen lassen, nach seiner Berufung nach München im Juni 1901 *Fidelio* mit „Leonore III" ausklingen. Auch Felix Mottl wird zugeschrieben, zu dieser Variante gegriffen zu haben. Im August 1907 lieferte ein deutscher Musikkritiker die ästhetische Legitimation für diesen Eingriff:

> „An dieser Stelle wird die Ouvertüre zu besonderer Geltung kommen und bei den Zuhörern, die ja doch nur auf einen Effektschluss bei einer Oper gespannt sind, einen guten Eindruck gewinnen. Nur hier steht sie vor uns als selbständiges grosses Tongedicht und gibt dem ganzen musikalischen Gebäude ‚Fidelio' den wohl einzig besten und schönsten Abschluss."[24]

Selbst heute scheint die Wahrnehmung dieser Oper als „Architektur", die letztlich den Bedingungen der Bühne enthoben ist, ungebrochen. Manche kritische Gegenstimme und augenzwinkernde Bezüge auf die Rezeptionsgeschichte (1997 wurden in Frankfurt am Main in einer Inszenierung von Christoph Marthaler unter der musikalischen Leitung von Sylvain Cambreling alle vier Ouvertüren – zumindest teilweise – gespielt) bestätigen als Ausnahmen die Regel. Im Umgang mit *Fidelio* hat die Monumentalisierung von Beethovens Oper immer wieder die Besinnung auf elementare dramaturgische Fragen in den Hintergrund gedrängt.

Am Anfang und zum Schluss

Nicht nur im Umgang mit Beethoven scheint bei Ouvertüren nichts unmöglich. In einer Tonaufnahme von Monteverdis *Orfeo* aus dem Jahre 1974 ließ Jürgen Jürgens die Toccata des Beginns nach dem Ende des fünften Aktes wiederholen. Wie in diesem bizarren Beispiel und wie bei Nikischs und Zumpes *Fidelio*-Aufführungen findet sich der Rückgriff auf die Eröffnungsmusik am Ende der Oper aber auch schon beim mehrfach erwähnten Grétry. *Panurge à l'isle des lanternes* schließt mit der Wiederholung der vollständigen Ouvertüre. In vielerlei Hinsicht ist diese Oper einzigartig: Erstens weist sie der Gattungstitel als „Comédie lirique" aus, obwohl sie an der Académie royale de musique am 25. Januar 1785 zur Uraufführung kam, also am Großen Opernhaus von Paris, wo fast ausschließlich tragische Werke gespielt wurden. Es handelt sich zweitens um das, was Jacques Offenbach siebzig Jahre später als „chinoiserie musicale" bezeichnen sollte. Der Kern der Handlung ist dem vierten Buch von Rabelais' Gargantua-Romanen aus dem mittleren 16. Jahrhundert entlehnt. In der Ortsangabe des Librettos lesen wir: „Die Handlung spielt auf der Insel der Laternen, die man in der Nähe Chinas vermutet." Bei allem modischen Exotismus erweist sich drittens Grétrys Oper als eine derbe Parodie von Glucks *Iphigénie en Tauride*. Bemerkenswert ist dabei aus unserer Perspektive, dass ein Seesturm nicht die eröffnende, sondern erst eine spätere Szene prägt. Im Gegensatz zu Glucks tragischer Oper tritt er nicht unvermittelt ein, er wird vielmehr sehnlichst erwartet. Erst wenn – wie bei Gluck – ein „Fremder" von einem „Seesturm" an das Land geschleudert wird, wird die Doppelhochzeit möglich sein, auf die sich die Inselbewohner bereits in der ersten Szene freuen.

In diesem ironischen Setting geht es offenbar um eine Karikatur des süßen Nichtstuns der herrschenden Klassen im vorrevolutionären Frankreich. Bereits am Beginn stellt Climène, die weibliche Hauptfigur, fest: „On chante, on danse, & l'on ne finit rien." („Man singt, man tanzt, und man bringt nichts zu Ende.") Selbst Lignobie, die Gottheit der Bewohner dieser Insel, steht nicht für schnelle Entscheidungen. In einem weiteren Rezitativ erfahren wir aus dem Mund von Agarenne, einer der ängstlich wartenden Bräute: „De la Divinité qu'en ces lieux on rêvère, | Je sais quel est le caractère. | Dans tout ce qu'elle fait, elle est d'une lenteur, | Qui désespère un tendre cœur." („Von der Gottheit, die man hierzulande verehrt, kenne ich wohl den Charakter. In allem, was sie tut, ist sie von einer Langsamkeit, die ein zärtliches Herz zur Verzweiflung bringt.")

Etwas von dieser aufreizenden Trägheit lässt sich bereits im Seitenthema der Ouvertüre erkennen. Am Ende der Überleitung im Anschluss an den Hauptsatz der Sonatensatzform wird die Hörerwartung durchkreuzt. Statt der üblichen Zwischenkadenz auf einem doppeldominantischen Akkord setzt Grétry einen Dominantseptakkord über A. Folgerichtig setzt das Seitenthema auf der Grundtonart D-Dur ein an Stelle der erwarteten Dominante A-Dur. Das Fehlen tonaler Spannung wird noch deutlicher, wenn die Violinen in Oktaven eine Melodie mit lombardischen Rhythmen anstimmen, die harmonisch auf der Stelle tritt. Denn die hier als Bassett eingesetzten Violen wollen mit ihren repetierten Achtel-Noten nicht vom Grundton *d* lassen. Nach einer Ausweichung des Orchester-Tuttis nach d-Moll kadenziert Grétry schließlich in der Grundtonart D-Dur und lässt dann erneut das gerade beschriebene Seitenthema anstimmen. In einem dritten Anlauf nimmt das Orchester-Tutti den Hauptsatz des Beginns wieder auf. Nach dem Halbschluss auf A-Dur setzt überraschend ein (anderer) musikalischer Gedanke ein, ein zweiter Seitensatz? Wir wissen es nicht, stellen nur fest, dass die Musik weiterhin in der geradezu erdrückenden Grundtonart D-Dur gefangen ist. Ein britischer Opernforscher hat hier sogar das Echo einer chinesischen Originalmelodie erkennen wollen.[25] Wahrscheinlicher scheint, dass es Grétry darum ging, mit den penetranten Achtel-Tonrepetitionen der Violen auf dem Grundton *d* eine musikalische Metapher der Trägheit einzuführen – diesmal als harsche Dissonanz nicht nur zu den Melodietönen, sondern vor allem auch zu dem Zweiklang *cis'-e'*, der von den Fagotten einen ganzen Takt lang ausgehalten wird. Einen Hinweis auf seine Absichten gibt der erfolgreiche Komponist in seinen Lebenserinnerungen, auch wenn der entscheidende Punkt aufgrund der eigentümlichen Mischung aus Selbstbeweihräucherung und Umständlichkeit nicht gleich ins Auge springt:

> „Die Ouvertüre dieses Stücks zeigt die noblen und komischen Charaktere an, die auf der Bühne erscheinen werden. Eine Phrase ist eine der längsten, die man je in der Musik gemacht hat; ich hätte diese Phrase ohne Zweifel gleichermaßen eingesetzt, wenn die Handlung nicht im Land der Laternen situiert gewesen wäre."[26]

Somit hat es seinen präzisen parodistischen Sinn, dass Agarenne ihre Klage „dans tout ce qu'elle fait, elle est d'une lenteur" eben über einem ausgehaltenen D-Dur-Akkord singt. Vor allem aber steht die unveränderte Wiederholung der Ouvertüre zum „krönenden" Abschluss der Oper konsequent für eine solche Dramaturgie der Trägheit. In der Partitur findet sich als letzte Szenenanweisung: „Man tanzt auf der Bühne und in der Laterne. Nach dem Abschluss aller Tänze, wird die Ouvertüre wiederholt. Auf deren Musik haben alle Solotänzerinnen und -tänzer, ob es sich nun um vornehme oder anmutige Rollen handelt, einen Auftritt." Nichts hat sich bewegt. Auf der Insel der Laternen wird alles seinen schläfrigen Gang weitergehen, umhüllt vom immergleichen D-Dur.

Nachweise der Zitate

1. Eduard DEVRIENT, *Meine Erinnerungen an Felix Mendelssohn-Bartholdy und Seine Briefe an mich*, Leipzig: Weber 1869, S. 45.
2. Edgar ISTEL, *Aus Heinrich Marschners produktivster Zeit. Briefe des Komponisten und seines Dichters E[duard] Devrient*, in: *Süddeutsche Monatshefte* 7/1 (Januar–Juni 1910), S. 774–820; hier S. 778.
3. Ebd., S. 796.
4. Ebd., S. 808 f.
5. [Anonym], *Mancherley*, in: *Der Sammler* 24/40 (3.April 1832), S. 160.
6. [Anonym], *Aus Wien, den 30sten August 1806*, in: *Der Freimüthige oder Ernst und Scherz. Ein Unterhaltungsblatt* 4/181 (9. September 1806), S. 208, und 4/182 (11. September 1806), S. 212; hier S. 212.
7. Am[adeus] WENDT, *Gedanken über die neuere Tonkunst, und von Beethovens Musik, namentlich von dessen Fidelio*, in: *Allgemeine musikalische Zeitung* 17/21 (24. Mai 1815), Sp. [345]–353; 17/22 (31. Mai 1815), Sp. [365]–372; 17/23 (7. Juni 1815), Sp. [381]–389; 17/24 (14. Juni 1815), Sp. [397]–404; 17/25 (21. Juni 1815), Sp. [413]–420; 17/26 (28. Juni 1815), Sp. [429]–436; hier Sp. [413].
8. Edgar ISTEL, *Das Buch der Oper*, Berlin: Hesse 1919, S. 167.
9. Wilhelm FURTWÄNGLER, *Die Ouvertüren des „Fidelio"*, in: *Die Musik Woche. Fachzeitschrift für Orchestermusiker, Musikerzieher und Unterhaltungsmusiker* 10/2 (20. Januar 1942), S. [13]; auch in: FURTWÄNGLER, *Ton und Wort. Aufsätze und Vorträge 1918 bis 1954*, Wiesbaden: Brockhaus 1954, S. 171–174; hier S. 173.
10. Otto NICOLAI, *Briefe an seinen Vater, soweit erhalten*, hrsg. von Wilhelm ALTMANN (Deutsche Musikbücherei, 43), Regensburg: Bosse 1924, S. 282.
11. Carl KUNT, *K. K. Hoftheater nächst dem Kärthnerthore*, in: *Wiener Zeitschrift für Kunst, Literatur, Theater und Mode* 26/160 (7. Oktober 1841), S. 1277 f.; hier S. 1278.
12. H-r, *Theater-Salon*, in: *Der Humorist* 8/197–198 (17. August 1844), S. 788 f.; hier S. 789.
13. Hector BERLIOZ, *Théâtre-Lyrique. Première représentation de „Fidelio", opéra en trois actes et quatre tableaux, musique de Beethoven (Premier article)*, in: *Journal des débats politiques et littéraires* vom 19. Mai 1860, S. 1 f.; hier S. 1.
14. C[arl] T[OBISCH], *Theater. Deutsches Landestheater*, in: *Prager Tagblatt* 10/190 (11. Juli 1886), S. 6.
15. Anzeige in: *Intelligenzblatt für die Stadt Bern* 50/46 (16. Februar 1883), S. 4.
16. Kurt BLAUKOPF, *Gustav Mahler oder Der Zeitgenosse der Zukunft*, Wien: Molden 1969, S. 203 f.
17. [Anonym], *Hofoperntheater*, in: *Wiener Sonn- und Montags-Zeitung* 42/41 (10. Oktober 1904), S. 6.

18. Max KALBECK, *Hofoperntheater. Der restituierte „Fidelio"*, in: *Neues Wiener Tagblatt. Demokratisches Organ* 42/23 (24. Januar 1908), S. 1–3; hier S. 1.
19. Felix WEINGARTNER, *„Fidelio" – die Oper der Konzessionen*, in: *Neue Freie Presse. Morgenblatt*, Nr. 25397 vom 26. Mai 1935, S. 11.
20. Felix WEINGARTNER, *Wie ich den „Fidelio" sehe*, in: *Der Morgen. Wiener Montagsblatt* 26/15 (15. April 1935), S. 11.
21. FURTWÄNGLER, *Die Ouvertüren des „Fidelio"* (wie Anm. 9), S. [13] bzw. S. 173.
22. Vgl. Arthur SEIDL, *„Leonoren"-Fragen*, in: *Die Musik* 11/7 (Januar 1912), S. 21–35; hier S. 28.
23. E. R., *Großherzogl [iches] Hoftheater. Fidelio von Beethoven*, in: *Karlsruher Zeitung*, Nr. 272 vom 17. November 1880, S. 1.
24. Ludwig WEISS, *Die Leonorenouvertüre*, in: *Musikalische Rundschau. Zeitschrift für Musik, Literatur und Theater* 3/15–16 (August 1907), S. 182 f.; hier S. 183.
25. Vgl. David CHARLTON, *Grétry and the growth of opéra-comique*, Cambridge: Cambridge University Press, S. 254 f. und 355 f., Anm. 5.
26. [André-Ernest-Modeste] GRÉTRY, *Mémoires ou essais sur la musique*, Paris: Prault/Liège: Desoer 1789, S. 451 f.

Rückblenden und Prologe

„ICH BIN DER PROLOG"

Bei einem Überblick über die verschiedenen Möglichkeiten, die Eröffnung einer Oper möglichst eng mit deren Handlung zu verknüpfen, darf man die eigenwilligen Prologe der beiden bis heute erfolgreichsten Einakter der Operngeschichte nicht außer Acht lassen: Mascagnis *Cavalleria rusticana* (1890) und Leoncavallos *Pagliacci* (1892). In der älteren der beiden Opern wird nach 42 Takten das elegische „Preludio" – in Anlage und Ausdehnung eine ausgewachsene Ouvertüre – durch die Akkorde einer Harfe unterbrochen. Sie ist auf der Bühne platziert und begleitet bei geschlossenem Vorhang den ebenfalls hinter dem Vorhang singenden Turiddu. In einer „Siciliana" stimmt er eine Serenade für Lola, seine neue Liebe an. Wie nicht zu überhören ist, geht es dabei um die Exposition von Lokalkolorit für eine Oper, die in den deutschsprachigen Ländern sogleich mit dem Titel *Sizilianische Bauernehre* nachgespielt wurde. Für diese „Siciliana" hatte sich Mascagni eigens Verse in sizilianischem Dialekt dichten lassen, wenn auch in den Druckausgaben der Text zusätzlich in Standard-Italienisch unterlegt wurde.

In dramaturgischer Hinsicht exponiert diese Serenade den Hintergrund der Eifersuchtstragödie: Turiddu macht Lola den Hof, obwohl diese mit einem anderen verheiratet ist. Diese Vorgeschichte hätte kaum eine derart unkonventionelle Lösung erfordert. Denn sie erschließt sich im Ablauf der Oper unmittelbar aus dem Dialog der Figuren, genau wie in der Vorlage, dem gleichnamigen Drama Giovanni Vergas. Der Vorgriff auf die Handlung inmitten des „Preludio" vermittelt vielmehr etwas von dem, was sich nicht in Worte fassen lässt, weil es nicht gesagt werden darf:

> „Die dramaturgische Aufgabe des Ständchens liegt in der Vermittlung zwischen einem vergangenen Ereignis und der folgenden Bühnenhandlung, zugleich weist es [...] auf das Verbotene der Liebe des männlichen Protagonisten hin: Die Kundgabe der Emotion findet versteckt vor der Öffentlichkeit statt, und der Rezipient wird insofern in die Rolle eines Mitgliedes der sizilianischen Dorfgemeinschaft gesetzt, vor der die Liebe geheimgehalten werden soll."[1]

Als ebenso aufschlussreich wie diese mise-en-abyme einer ehebrecherischen Beziehung erweist sich das kompositorische Verfahren Mascagnis bei der Einfügung dieser Interpolation. Auch wenn der Zustand der autographen Partitur keine definitiven Schlüsse erlaubt, spricht vieles dafür, dass Mascagni diese „Siciliana" erst nachträglich in seine Ouvertüre hineinmontiert hat. Nach dem Ende der Serenade wiederholt das Orchester-Tutti dieselben drei zum dominantischen Höhepunkt drängenden Takte, die zuvor vom Einsatz der Harfe unterbrochen worden waren, um dann „con anima, stringendo e rinforzando sempre" zwar nicht zur neuen Tonart C-Dur, aber immerhin zum schnellen Allegro-Satz der Ouvertüre zu gelangen. Das düstere f-Moll der „Siciliana", die Tonart des mörderischen Ausgangs am Ende der Eifersuchtstragödie, scheint wie weggeblasen, das F-Dur des Orchestervorspiels ist wiederhergestellt.

Leoncavallos *Pagliacci* beginnen scheinbar weniger bedeutungsschwanger: mit einem Vivace in einem hurtigen 3/8-Takt. Beim ersten Hören meint man ein kurzes Orchestervorspiel zu erkennen, das mit seinem tänzerischen Gestus überbordende Spielfreude vermittelt – trotz der ironischen Brechung durch fast automatenhaft wirkende Rhythmen. Diese stilisierten Bewegungsmuster weisen auf die Tradition der commedia dell'arte, welche die folgende Bühnenhandlung bestimmen wird. Plötzlich unterbricht Leoncavallo den 3/8-Takt und zitiert – in Manier einer Potpourri-Ouvertüre – die berühmteste Solonummer der Oper, Canios „Ridi, Pagliaccio", herbei, mit der Anweisung „ben cantato con dolore" („sehr sanglich, schmerzerfüllt", T. 73–79). Die Melodie des betrogenen Ehemanns wird hier einem Horn-Quartett übertragen, was zusätzlich auf die folgende Handlung und die Selbsterkenntnis eines „Gehörnten" verweist. Unmittelbar im Anschluss daran (T. 80–91) folgt „con passione" die schwärmerische Melodie, die in der Oper das erste Mal erscheint, wenn sich Canios Ehefrau Nedda in ihrem ersten Solo eines „pensier segreto", ihres „geheimen Gedankens" an Tonio bewusst wird. Als Andante amoroso wird diese Melodie später den entscheidenden Moment der Verführung Neddas durch Tonio markieren. Nach diesen beiden Unterbrechungen findet das Orchester zum „Primo tempo" zurück, als wäre nichts gewesen (T. 92–165). Bei der Wiederaufnahme des spielerischen 3/8-Taktes fordert Leoncavallo für den immergleichen punktierten Rhythmus „ruvido marcato" („grob akzentuiert"), „the show must go on".

Am Ende verliert sich dieses Vivace in fragmentierten Melodien, bevor dann in T. 160 der eigentliche „Prologo" beginnt: Tonio steckt seinen Kopf durch den noch geschlossenen Vorhang (siehe Abb. 1) und begrüßt das Publikum mit der schüchternen Frage „Si può?" („Ist es erlaubt?"). Er präsentiert sich als Personifizierung des Prologs („Io sono il prologo"), mit einer fast wörtlichen Übernahme aus einem damals sehr erfolgreichen Schauspiel, das wie Leoncavallos Kurzoper zwischen Komischem und Tragischem oszilliert. In *Nerone* (Mailand 1871), einer Verskomödie Pietro Cossas, beginnt der Komödiant Menecrate das Drama mit den Worten „Il prologo son'io"; allerdings sollte Mascagni 1935 in seiner Opernbearbeitung dieses Stücks auf diesen Prolog verzichten.

Der Abfolge aus Vorspiel und Vorbemerkung hat Leoncavallo somit eine zusätzliche ironische und metatheatrale Note eingeschrieben. Wenn wir den Erinnerungen Victor Maurels, des ersten Tonio, glauben dürfen, ging die Idee für diesen Prolog auf seinen Vorschlag zurück. Jedenfalls hatte die Partitur in einer ersten, nicht aufgeführten Fassung sofort mit dem Eröffnungschor begonnen. Die Erweiterung mit einem Prolog erlaubte Leoncavallo eine konsequente Überblendung der verschiedenen Ebenen seiner hybriden Komödie schon vor dem Beginn des eigentlichen Dramas. Am Ende wird nicht mehr klar sein, was Theater auf dem Theater ist, was „wirkliche" Bühnenhandlung. Dennoch hielt Leoncavallo – wie in den wohlgesetzten Versen, die er sich selbst gedichtet hatte – auch in einem anderen Detail an den Konventionen einer in sich geschlossenen Rahmenform fest. Die Folge aus symphonischem Vorspiel, melodischen Reminiszenzen und einem Prolog auf dem Theater rundet er mit einer letzten Rückkehr zum „primo tempo vivace" des Orchesters im rustikalen 3/8-Takt ab (T. 278–293).

MILANO: TEATRO DAL VERME. — *PAGLIACCI*, opera in un prologo e due atti del maestro R. LEONCAVALLO.
L'entrata dei pagliacci. — Il prologo detto da Maurel. — Il duetto d'amore. — La catastrofe. — *(Disegni dal vero di C. Linzaghi.)*

Abb. 1 In einer Zusammenschau charakteristischer Szenen aus Leoncavallos *Pagliacci* hat der 1866 geborene Zeichner Carlo Linzaghi den Bariton Victor Maurel in seiner Personifikation als „Prolog" auf das Fell der großen Trommel projiziert, die ihn bei seinem ersten Auftritt begleitet. Die Illustration in einer hauseigenen Zeitschrift war Teil einer Werbekampagne des Verlags Sonzogno, die auf den realistischen Anspruch des Werks fokussierte. Die Erklärung in der Bildunterschrift, bei diesen Abbildungen handle es sich um ein „disegno dal vero", um „Zeichnung des Wahren", lässt aufhorchen. Offenbar sollen die Betrachter in der Illusion bestärkt werden, das auf der Bühne Sichtbare mit „Wirklichkeit" gleichzusetzen

„Ein Stück, dem niemand zuhört"

Die altehrwürdige Gattung der Ouvertüre war an der Wende vom 19. zum 20. Jahrhundert endgültig erschöpft, trotz mancher Gegenbeispiele und trotz der aufwendigen Gestaltung von Vorhängen, die implizit den konzentrierten Blick des Publikums voraussetzen (siehe Abb. 2). Ein wesentlicher Teil der Opern, die in den ersten Jahrzehnten des 20. Jahrhunderts komponiert wurden, beginnt unmittelbar mit der Handlung. Allein in der musikalischen Komödie, vor allem in der Operette und im Musical blieb die Stellung der Ouvertüre weitgehend unangetastet. In der ernsten Spielart der Oper hebt sich der Vorhang entweder vor dem Einsetzen des Orchesters oder wenig später, gleich im ersten, dritten oder siebenten Takt. Und wiederum wenig später, zum Beispiel im zweiten, vierten, fünften oder achten Takt setzen die ersten Singsstimmen ein. Für diesen neuen Standard stehen sämtliche Bühnenwerke von Berg und Schönberg sowie die größere Hälfte der Opern von Richard Strauss, besonders prägnant mit dem martialischen Dreiklangsmotiv am Beginn seiner *Elektra* (Dresden 1909). Nur wenn es um nostalgische Kontexte geht, findet man bei dem 1864 geborenen Komponisten bisweilen längere Instrumentalvorspiele: so in der fast drei Minuten dauernden, überschwänglichen „Einleitung" zu *Der Rosenkavalier* (Dresden 1911), im ironischen „Potpourri" vor *Die schweigsame Frau* (Dresden 1935) oder in der als „Sextett" bezeichneten umfänglichen „Einleitung" zu *Capriccio* (München 1942) als Kammermusik für zwei Violinen, zwei Violen und zwei Violoncelli. Erwähnenswert ist in diesem Zusammenhang auch die als „Vorspiel" bezeichnete entfesselte Einleitungsmusik zum dritten Akt seiner *Arabella* (Dresden 1933), deren melodische Gesten sich einander umschlingen zu scheinen – in einem als „stürmisch bewegt" geforderten Habitus, der als „symphonische Schilderung" der „heimlichen Liebesver-

Abb. 2 Eliseu Visconti, ein aus Süditalien stammender und in Brasilien sehr erfolgreicher Maler, hat 1908 mit dem Pausenvorhang des Stadttheaters von Rio de Janeiro *A influência das artes sobre a civilização*, den „Einfluss der Künste auf die Zivilisation" zelebriert. Das fast 200 Quadratmeter große Gemälde wird dominiert von einer Allegorie der Kunst mit ausgebreiteten Schwingen. Links unter ihr ist die römische Wölfin mit Romulus und Remus als Urmutter der (lateinischen) Zivilisation zu erkennen. Ganz unten steht – leicht nach rechts versetzt – die Allegorie der Poesie auf einem Sockel. Sie korrespondiert dem brasilianischen Opernkomponisten Antônio Carlos Gomes, hervorgehoben durch die beiden grünlichen Fahnen. Unter den fast 300 Figuren seien noch Rossini, Victor Hugo, Berlioz und Wagner genannt, die sich unter dem rechten Arm der Poesie verbergen; vgl. Ana Heloisa Molina, «*A influência das Artes na civilização*». *Eliseu D'Angelo Visconti e modernidade na Primeira República*, Tese de doutorado, Universidade Federal do Paraná, Curitiba 2004, S. 171–223

einigung" Matteos und Zdenkas im nur scheinbar sittenstrengen Wien der 1860er-Jahre verstanden werden kann.[2] Der Zusammenhang zwischen der überkommenen Form der Ouvertüre und der nostalgischen Erinnerung an vergangene Zeiten ist auch in der längsten Ouvertüre zu erkennen, die Jules Massenet nach seiner relativ frühen Oper *Le Cid*

(Paris 1885) komponiert hat, derjenigen zur 1905 in Monte-Carlo uraufgeführten Rokoko-Komödie *Chérubin*.

Wenn im 20. Jahrhundert zum Beispiel Schostakowitsch für seine groteske Oper *Nos* (*Die Nase*) (Leningrad 1930) eine etwas längere Einleitungsmusik vorsah, ging es darum, die Rhythmen der ersten Szene einzuführen, über die sich dann der Vorhang öffnen wird. Als ironische Reverenz erscheint es dagegen, wenn Strawinsky seine Oper *The Rake's Progress* (Venedig 1951) mit einem „Prelude" für zwei Trompeten, zwei Hörner, Pauken und Streicher eröffnet. Das kaum mehr als 20 Sekunden dauernde Instrumentalstück exponiert ein mit dissonanten Tönen aufgerautes E-Dur. Von Ferne ähnelt es den Fanfaren, mit denen der in Venedig begrabene Monteverdi dreieinhalb Jahrhunderte zuvor seinen *Orfeo* eröffnet hatte. In dieselbe Traditionslinie sollte sich auch György Ligeti mit dem „Vorspiel" zu *Le grand macabre* (Stockholm 1978) stellen, mit deutlich erkennbarer ironischer Brechung: Es handelt sich um ein (in sich geschlossenes) Instrumentalstück für zwölf Autohupen.

Wenn es gar Hupen brauchte, um einem späten Nachfahren der Ouvertüre Aufmerksamkeit zu sichern, mag der französische Komponist Olivier Messiaen einen neuralgischen Punkt getroffen haben, als er wenige Jahre später in einem Gespräch anlässlich der Uraufführung seiner einzigen Oper festhielt: „Die Ouvertüre ist ein symphonisches Stück, dem niemand zuhört. Das Publikum interessiert sich erst, wenn der Vorhang aufgeht."[3]

Dennoch hatte ausgerechnet Bernd Alois Zimmermann für seine Oper *Die Soldaten* (Köln 1965) auf die überkommene symphonische Konvention zurückgegriffen. Obwohl er sein Eröffnungsstück als „Preludio" bezeichnete, ist es deutlich abgegrenzt von der anschließenden „Introduzione" und soll bei geschlossenem Vorhang vorgetragen werden. Am Ende des über sechs Minuten dauernden Stücks wird – für die Hörer kaum erkennbar – das liturgische „Dies irae" zitiert. Messiaen dagegen sollte in *Saint François d'Assise* (Paris 1983) tatsächlich auf eine instrumentale Eröffnungsmusik verzichten. Gleichwohl komponierte er zwei groß angelegte Orchesterzwischenspiele, bei offenem Vorhang zu spielen: einen „Tanz des Leprakranken" im ersten und „das große Vogelkonzert" im zweiten Akt.

Prologe für „merkwürdige Geschichten"

Mit seinem metatheatralen Prolog hatte Leoncavallo 1892 eine Möglichkeit eröffnet, die manchen Komponisten im 20. Jahrhundert dazu inspirieren sollte, den fiktionalen Charakter der folgenden Bühnenhandlung hervorzuheben. So folgt in Manuel de Fallas Marionetten-Oper *El retablo de Maese*

Pedro (Paris 1923) auf einen „Pregón", eine knappe „Ankündigung" des folgenden Dramas um Don Quixote, eine „Sinfonía de Maese Pedro", also eine Symphonie (oder eine Ouvertüre) mit deutlichen Anklängen an den Vivace-Teil in Leoncavallos Eröffnungsmusik. Und auch in Benjamin Brittens Kammeroper *The Turn of the Screw* (Venedig 1954) tritt eine Figur für eine Vorankündigung vor einen Zwischenvorhang, sie ist wie in *Pagliacci* als „The Prologue" bezeichnet. In einem „langsamen Rezitativ" beginnt sie ihre Vorbemerkung: „It is a curious story. I have it written in faded ink" („Es ist eine merkwürdige Geschichte. Ich habe sie hier, in verblasster Tinte aufgeschrieben"). Schon zuvor hatte Britten in seiner ersten Kammeroper *The Rape of Lucretia* (Glyndebourne 1946) einen jeweils einstimmigen Männer- und Frauenchor im Wechsel Berichte im Stil von Chroniken singen lassen, ohne diese Deklamationen als Prolog zu bezeichnen. Spätestens wenn beide Chöre im Unisono die Verse „While we as two observers stand between | This present audience and that scene" („Während wir als zwei Beobachter zwischen dem gegenwärtigen Publikum und jener Szene stehen") rezitieren, wird ihre Funktion als Prolog überdeutlich. Diese metatheatrale Konzeption führt Britten konsequent weiter, wenn er diese Vorrede in einem ebenfalls nicht betitelten Epilog spiegelt. Wiederum mit einem Unisono beider Chöre zieht der Komponist mit den letzten Versen ein poetisches Fazit: „Now with worn words and these brief notes we try | To harness song to human tragedy." („Nun versuchen wir mit verschlissenen Wörtern und diesen kurzen Noten, Gesang für die menschliche Tragödie einzuspannen.")

Ganz ähnliche Lösungen sollten auch Luigi Nono und Werner Egk am Anfang der 1960er-Jahre wählen. Nonos *Intolleranza 1960* (Venedig 1960) beginnt mit einem a-cappella-Chor. Während der Chor im Zuschauerraum die vier Strophen eines Gedichts („Vivere è stare svegli") aus der Feder des Librettisten Angelo Maria Ripellino singt, bleibt die Bühne völlig dunkel, der Vorhang geschlossen. Dem entspricht am Ende der Oper ein „Coro finale", wiederum bei völlig verdunkelter Bühne. Aus Bertolt Brechts Gedicht *An die Nachgeborenen* hat hier Nono die dritte Strophe vertont: „Voi che sarete emersi dai gorghi" (im deutschen Original: „Ihr, die ihr auftauchen werdet aus der Flut"). In Werner Egks Oper *Die Verlobung in San Domingo* (München 1963) treten in einem Vorspiel und dann nochmals in einem „Zwischenspiel" in der Mitte des zweiten Aktes Herr Schwarz und Herr Weiß auf. Im Tonfall einer Erzählung exponieren sie zwei verschiedene Sichtweisen auf die Konflikte zwischen Vertretern verschiedener „Hautfarben" auf Haiti im Jahre 1803. In ihrem Rücken kommentieren überdies die singenden „Schatten" der vier Protagonisten der eigentlichen Handlung diese Berichte, zunächst mit dem

Einwurf „Sie sprechen über uns!", dann mit entrüsteten Reaktionen wie „Das ist nicht wahr!" oder „Er lügt!".

Ähnliche anti-illusionistische Techniken hatte bereits Ferruccio Busoni in zwei seiner Opern angewandt, allerdings mit gesprochenen statt gesungenen Vorbemerkungen. In *Doktor Faust* (Dresden 1925) folgt auf eine längere „Symphonia. Oster-Vesper und Frühlings-Keimen", in der ein „Chor hinter dem Vorhange" nur das eine Wort „Pax" („Frieden") singt, eine gesprochene Vorrede mit dem Titel „Der Dichter an die Zuschauer". In *Arlecchino* (Zürich 1917) deklamiert „vor dem Vorhang" die Titelfigur nach einer fünf Takte kurzen chromatischen Trompetenfanfare einen Prolog mit dem ersten Vers „Ein Schauspiel ist's für Kinder nicht, noch Götter". Zu nennen wäre überdies die – im Vergleich dazu eher unaufdringliche – Rahmung in Carl Orffs Märchenoper *Der Mond* (München 1939). Dort wird bereits im ersten Takt der Partitur „in dem Haselstrauch [...] der Erzähler sichtbar, er zündet sein kleines Licht an". Danach liest er aus einem Buch: „Vorzeiten, vorzeiten gab es ein Land, wo die Nacht immer dunkel und der Himmel wie ein schwarzes Tuch darüber gebreitet war".

Sehr viel schriller war am Beginn der 1920er-Jahre der „Prolog" in Sergej Prokofjews Oper *Ljubow k trjom apelsinam* (*L'amour des trois oranges*, Chicago 1921) ausgefallen: Auf dem Proszenium vor geschlossenem Vorhang verlangen nacheinander die „Tragischen" nach „Tragödien", die „Komischen" nach „Komödien", die „Lyrischen" nach „lyrischen Dramen", die „Hohlköpfe" nach „Farcen", bevor „zehn Sonderlinge" Ruhe fordern. Sie verweisen die Streithähne auf die Galerie und kündigen den Titel des Stücks an, anschließend fasst ein Herold die Ausgangssituation zusammen: „Der Treff-König ist verzweifelt, weil sein Sohn, der Erbprinz an unheilbarer Hypochondrie leidet." Einen in der literarischen Vorlage, einer 1914 publizierten russischen Bearbeitung von Gozzis Komödie, und sogar noch im Libretto-Entwurf vorgesehenen Epilog hat Prokofjew hingegen nicht komponiert.

Im Ergebnis ähnlich, in der Form aber radikal anders, präsentiert sich der Beginn von Prokofjews großer Historienoper *Woina i mir* (*Krieg und Frieden*, Moskau 1945 – Leningrad 1946/47). In einem „Epigraf" skandiert der Chor zunächst den ersten Satz eines Kapitels aus Tolstois gleichnamigem Roman, bevor er mit pathetischen Bewertungen des „vaterländischen Kriegs" im Jahre 1814 die Rhetorik der stalinistischen Propaganda aufgreift. Eine in sich geschlossene symphonische Ouvertüre folgt erst nach diesem Vorspruch. Allerdings ist die Entstehungs- und Aufführungsgeschichte dieser Oper einigermaßen verwickelt. Prokofjew hat von ihr keine definitive Fassung hinterlassen, auch für die Eröffnung hat er kein letztes Wort gesprochen. Seines Erachtens könne man den „Epigraf" ebenso vor dem achten Bild, also vor dem Beginn des Teils platzieren, in dem es um den Krieg selbst geht. Man könne ihn aber auch ganz weglassen, um gleich mit der Ouvertüre anzufangen oder sogar – ohne Ouvertüre – direkt mit dem ersten Bild beginnen.

Prokofjews Idee, den Titel in einem Prolog vom Chor ankündigen zu lassen, findet sich wenig später auch in einer „opera buffa" Kurt Weills. Es ist mehr als wahrscheinlich, dass der Komponist aus Dessau *Die Liebe zu den drei Orangen* 1926 an der Krolloper in Berlin gesehen hatte. In Weills *Der Zar läßt sich photographieren* (Leipzig 1928) scheint ein kurzes, nicht als solches bezeichnetes Vorspiel dem Orchester vorbehalten. Eröffnet wird es aber von einem „Männerchor im Orchesterraum". Nach einem Beckenschlag im Forte Fortissimo skandiert der Chor den Titel, noch bevor das Orchester einsetzt. Am Ende dieses kurzen Vorspiels wiederholt der Chor weitere zwei Male den Titel und schließlich zwei Mal den Ausruf „Der Zar!". Im Verlauf der Oper wird der Männerchor im Orchestergraben die Rolle eines Kommentators übernehmen und dabei Partei für die Revolutionäre auf der Bühne ergreifen. Am Ende lässt Weill den gesungenen Titel aus dem Vorspiel wörtlich, wenn auch um einen Halbton erhöht, wiederholen, während der „Vorhang rasch" fällt. Die Oper schließt danach mit dem Beckenschlag des Beginns. Wie vielen Theatermachern der Zwischenkriegszeit ging es Weill offensichtlich darum, sich von den Konventionen des „bürgerlichen Illusionstheaters" zu distanzieren. In den Worten eines damals kaum bekannten Kritikers war es dem Komponisten „keinesfalls um die Spiegelung des Dramas zu tun, sondern um dessen Dissoziation in Partikeln [sic!]".[4] Das verrätselte Aperçu Theodor Wiesengrund-Adornos weist über die Radikalität dieses Vorspiels hinaus. Denn offensichtlich reiht sich Weills Komposition mit der Auflösung konventioneller Formen in eine schon im 19. Jahrhundert einsetzende Entwicklung ein. Bereits Modest Musorgski hatte sich in seinem *Boris Godunow* (Sankt Petersburg 1869) vom traditionellen Gestus der Oper abgewandt und mit disparat scheinenden Formen experimentiert. Weitere herausragende Beispiele für eine solche Auflösung der traditionellen „Nummernoper" wären Massenets *Manon* (Paris 1884), Verdis *Falstaff* (Mailand 1893) und nicht zuletzt die Bühnenwerke Igor Strawinskys.

Rückblenden

Im Mai 1971 strahlte die BBC eine für das Fernsehen konzipierte Oper aus, in der Benjamin Britten mit den spezifischen Möglichkeiten dieses Mediums experimentierte. Während jeweils zweier Orchestertakte werden im kurzen „Prelude" zu *Owen Wingrave* insgesamt zehn „military portraits" auf der Ahnengalerie der Wingraves gezeigt (siehe Abb. 3). So zeigt sich, wie schwer die Erwartungen der aristokratischen Familie auf dem Titelhelden lasten, einem deklarierten Pazifisten wie Britten selbst.

Auf andere, strukturell vergleichbare Weise hatte der Komponist schon zwei Jahrzehnte zuvor in *Billy Budd* (London 1951) den Ereignissen auf einem Schiff der britischen Kriegsmarine einen Rahmen hinzuerfunden. Im Gegensatz zur literarischen Vorlage, einem Prosatext Herman Melvilles, wird die im Jahr 1797 imaginierte Handlung in der Oper von einem „Prologue" eröffnet und von einem „Epilogue" beschlossen. Captain Vere wird „als ein alter Mann" eingeführt. Er erinnert sich an das zurück, was sich auf dem Kriegsschiff *Indomitable* unter seinem Kommando er-

Abb. 3 Auf John Pipers Bühnenmodell für die erste Theateraufführung von Brittens *Owen Wingrave* (London 1973) sind die zahlreichen Portraits der Ahnengalerie zu erkennen, die in der ursprünglichen Fernsehproduktion jeweils das ganze Bild eingenommen hatten

eignet hatte. Der Matrose Billy Budd war von einem intriganten Bootsmann der Anstiftung zur Meuterei beschuldigt worden und hatte diesen im Affekt niedergeschlagen. Vere sieht sich – bei aller Sympathie für den fälschlich beschuldigten Budd – gezwungen, diesen wegen Totschlags eines Vorgesetzten hinrichten zu lassen. Doch hadert er mit dieser Entscheidung. In der Oper gipfelt sein resignierter Monolog im Aufschrei: „O what have I done?" Wenig später wird der Scheinwerfer auf Vere langsam bis zum „Blackout" zurückgefahren, das Haupt- und Achterdeck des Schiffs hell erleuchtet. Die beklemmende Haupthandlung kann beginnen, selbstverständlich – eine seltene Ausnahme in der Geschichte des Musiktheaters – ohne eine einzige Frauenstimme.

Zum Abschluss von Brittens Oper greift ein „Epilogue" diese Rahmung wieder auf. In langsamer Bewegung „wie am Beginn" deklamiert Captain Vere seine letzten Worte: „and my mind can go back in peace to that faraway summer of 1797 long ago now, years ago, centuries ago, when I, Edward Fairfax Vere, commanded the *Indomitable*". Einer der wichtigsten Opernforscher seiner Generation zeigte sich in seiner Uraufführungskritik für *Opera* begeistert:

> „Der äußere strukturelle Rahmen [...] ist dramaturgisch und musikalisch ein Geniestreich: er stellt die Oper in eine körperliche, historische und moralische Perspektive und [...] erlaubt Britten [...] eine subtilere ‚Erlösung durch Liebe' als am Ende der *Götterdämmerung*."[5]

Britten greift hier also zur Rückblende, zum „Flashback". Melville hatte seine Erzählung nach dem Bericht über die tödliche Verwundung Captain Veres in einer Seeschlacht mit einer Ballade abgeschlossen. In den Sätzen davor wird auch in Melvilles Prosawerk aus den Jahren um 1890 deutlich, wie sehr Budds Hinrichtung auf Veres Gewissen lastet. Im Sterben lässt der Autor ihn „Billy Budd, Billy Budd" flüstern. Britten orientiert sich dagegen offensichtlich am Film. Rückblenden – auch im Sinne der psychologischen Bedeutung des Begriffs „Flashback" als „involuntary recurrent memory" – waren für dieses neue Medium von Anfang an von zentraler Bedeutung gewesen. Das wahrscheinlich früheste Beispiel findet sich schon in einem der allerersten Stummfilme, in Ferdinand Zeccas *Histoire d'un crime* (Paris 1901).

Wenn Britten sich hier filmische Verfahren zunutze machte, hatte sich umgekehrt der frühe Film am Musiktheater orientiert. In der Oper des 19. Jahrhunderts setzten Komponisten regelmäßig wiederkehrende Motive ein, um zu suggerieren, dass sich eine Figur – gleichsam mit ihrem inneren Auge, genau wie Melvilles Captain Vere – an Vergangenes erinnert. Unter unzähligen Beispielen seien hier nur zwei herausgegriffen: einerseits die Melodie des Chors „Chantez, joyeux ménestrel" in der Finalszene von Boieldieus *La dame blanche* (Paris 1825), die es dem Tenorhelden ermöglicht, sich plötzlich an seine Kindheit zu erinnern, andererseits die in Verdis *Don Carlos* (Paris 1867) wiederholt vom Orchester präsentierten Melodiesplitter aus dem Liebesduett Elisabeths und Carlos', die für den melancholischen Rückblick auf deren erste Begegnung im Wald von Fontainebleau stehen.

Im Vergleich zu solchen Momentaufnahmen erhält diese Technik allerdings ein völlig anderes Gewicht, wenn eine ganze Oper oder ein ganzer Film so gerahmt werden, dass sie als eine einzige Rückblende erscheinen. Britten hatte während seines US-amerikanischen Exils zwischen April 1939 und April 1942 beobachten können, wie der seit den 1920er-Jahren verwendete Begriff „flashback" unter Filmemachern und Literaturkritikern eine unglaubliche Konjunktur erlebte. Sogar in Anleitungen für „creative writing" wurde er verwendet, so im Juni 1946: „The flashback is a beautiful thing. Handled right, it helps one put a story into exquisitely crystallized form."[6] Aus dieser Perspektive erscheint selbst Orson Welles' ikonischer Film *Citizen Kane* (1942) als die Spitze eines riesigen Eisbergs. Filmhistoriker haben für die 1940er-Jahre einen jährlichen Durchschnitt von mindestens 25 Hollywood-Produktionen ermittelt, in denen die „retrospective viewpoint"-Technik angewandt wurde.[7]

In Großbritannien zeigte sich mancher Kritiker von Brittens Oper gleichwohl irritiert. Mosco Carner, der spätere Pionier der Puccini-Forschung, sah in Brittens Verfahren eine „eher zahme und undramatische Lösung des Problems, die Bedeutung der Geschichte so klar wie möglich zu vermitteln".[8] Donald Mitchell, der zukünftige Mahler-Forscher, war dagegen begeistert, weil so „die Handlung nicht nur der ‚historischen Gegenwart' des Jahres 1797, sondern auch der ‚heutigen Gegenwart' des Jahres 1951" enthoben würde, so dass „die Handlung frei gedeutet werden konnte nach Prämissen, die nichts mit Zeit oder Ort zu tun haben".[9] Die Herausgeber der Zeitschrift *World Review* schimpften hingegen, Prolog und Epilog von *Billy Budd* seien „ill-conceived", „übel konzipiert", und Captain Vere schiebe wie „ein Ansager des BBC-Radioprogramms" die „Geschichte der *Indomitable*" beiseite.[10]

Bebilderte Ouvertüren in der Weimarer Republik

Messiaens polemische Bemerkung über das Desinteresse des Publikums an Musik, die bei geschlossenem Vorhang gespielt wird, mag Entwicklungen der Opernregie erklären, die heute aus der Theaterpraxis nicht mehr wegzudenken sind. Bei Stücken aus vergangenen Zeiten wird die Ouvertüre oder auch ein kürzeres Vorspiel regelmäßig bei offenem Vorhang gespielt und mit einer Pantomime bebildert. Meist erzählt diese Pantomime eine Vorgeschichte, sei sie aus dem Libretto abstrahiert, sei sie frei dazu erfunden. Auch wenn Brittens *Billy Budd* als beeindruckender Präzedenzfall hierfür erscheinen mag, nahmen sich Regisseure schon sehr viel früher solche Freiheiten – zum Beispiel in einem deutschen Film, der im Herbst 1932 in die Kinos kam und vollmundig als „erster Operntonfilm" beworben wurde: Max Ophüls' *Die verkaufte Braut* nach Smetanas Oper. Zu den ersten Takten der Ouvertüre werden die im „Vorspann" eines Films üblichen Namenstafeln gezeigt, für die in Hollywood gelegentlich umfängliche symphonische Ouvertüren komponiert werden sollten – um nur ein spätes, nachgerade monumentales Beispiel zu nennen: *Ben-Hur* (1959) mit der Musik von Miklós Rózsa.

In Ophüls' Smetana-Film setzt bald nach dem kurzen „Vorspann" eine „pantomimisch gestaltete Rahmenhandlung" ein. „Eine Schauspielertruppe fährt übers Land zum nächsten Spielort. Beim Einzug ins Städtchen gesellt sich das Geräusch des Jahrmarkts zur Musik. [...] Schließlich erscheint nach Schluß der Ouvertüre der Prinzipal vor dem Vorhang zur Begrüßung des bereits auf dem Marktplatz versammelten Publikums."[11] Walter Felsenstein, der diesen Film mit Sicherheit kannte, sollte noch in seiner berühmten Verfilmung von Beethovens *Fidelio* aus dem Jahre 1956 an dieses Vorbild anknüpfen. Gleichzeitig lässt er aber ein unentschiedenes Schwanken zwischen der Verwendung der Ouvertüre für den „Vorspann" und einer eigentlichen Bebilderung erkennen. So zeigt er zu den Klängen der E-Dur-Ouvertüre zunächst eine „düster beleuchtete Büste Beethovens, autographe Notenblätter und schwer lesbare Briefe", die „den Beethoven-Mythos" evozieren und dessen „Sympathie mit den Ideen der Freiheit" beglaubigen. Kurz vor „der Coda schwenkt die Kamera über die weite Landschaft eines Flußtals" und zeigt die Terrorherrschaft Pizarros.

„Mit dieser Illustration der Ouvertüre und einer hinzugefügten Szene akzentuierte Felsenstein von Anfang an nicht etwa die sich hier ebenfalls anbietende Vorgeschichte Leonores und ihren Entschluß zur Rettung des

Gatten [...], sondern die politische Rivalität zwischen Pizarro und Florestan, wobei letzterer zugleich als Repräsentant der Hoffnungen des unterdrückten Volks dargestellt [...] wird."[12]

Regisseure wie Götz Friedrich, Harry Kupfer oder auch Jean-Pierre Ponnelle konnten also nach 1970 mit der Bebilderung von Ouvertüren durch Pantomimen auf der Bühne an zahlreiche Beispiele im Opernfilm anknüpfen. Doch dürfte die Vor- und Frühgeschichte solcher Verfahren nochmals verwickelter gewesen sein. Hier sind nur sehr vorläufige Feststellungen möglich. Forschungen zum frühen Opernfilm mit der für dieses Genre naheliegenden Einbindung der Ouvertüre in die erzählte Handlung sind ebenso Mangelware wie Untersuchungen zur wechselseitigen Abhängigkeit von Opernfilm und -regie. Jedenfalls konnte auch schon Ophüls mit seiner Bebilderung einer Ouvertüre, die traditionell bei geschlossenem Vorhang gespielt worden war, auf Präzedenzfälle in der Theaterpraxis zurückgreifen. Arthur Maria Rabenalt hatte am 29. Februar 1928 am Hessischen Landestheater Darmstadt die Ouvertüre von Aubers *La muette de Portici* (Paris 1828) von pantomimischen Bewegungen des Balletts begleiten lassen und berichtete zwei Jahre später in einem Vortrag mit dem pathetischen Titel *Die Oper vor der Entscheidung* voller Stolz davon:

„Neu war weiterhin der Versuch, die Ouvertüre mit in die szenische Gestaltung einzubeziehen. Als in sich geschlossenes Musikstück stellt sie [...] eine lapidar gefaßte, metrisch-gebundene Gestaltung der dramatischen Vorgänge dar. Die Absicht ging nun dahin, in bewußtem Gegensatz zu dem nachfolgenden realistischen Geschehen diese Ouvertüre, als ‚Vor-spiel‘ in buchstäblichem Sinne, in eine Pantomime umzugestalten, die in Form eines abstrakten Kräftespieles auf einer unrealen Raumbühne die im Stück vorkommenden allgemein-menschlichen Vorgänge (Unterdrückung, Empörung, Erstehen des Führers usw.) gleichnishaft darstellen soll."[13]

Am 20. Dezember 1931 erfand Rabenalt ebenfalls in Darmstadt für das symphonische „Preludio" zu Mascagnis *Cavalleria rusticana* eine quirlige Pantomime:

„Zug kommt an. Bringt Fremde und Bevölkerung aus dem Umkreis. Einige – wenig glanzvolle – Hoteldiener und Führer sind zur Stelle. Lebhafte Pantomime. Gleichzeitig erwacht die übrige Stadt. Die Einwohner beginnen den Kirchgang. Die Fremden mischen sich z. T. unter sie. Faschistische Jugend zieht vorbei usw."[14]

In einer nicht datierten, wohl um 1930 verfassten Notiz *Die Ouvertüre* machte Rabenalt aus seiner Praxis ein veritables Programm:

> „Die Sinfonia wird sich in einem seriösen Opernwerk am besten zu einem handlungsbezüglichen Tanzspiel in Präludienform eignen, in einer Buffoneske den Spielbeginn komödiantisch einleiten. [...] In der Spieloper besteht die Möglichkeit, entscheidende Handlungsmomente, die vor der eigentlichen Stückhandlung liegen, in lustiger Weise szenisch zu demonstrieren [...] oder das Milieu der Stückhandlung, ihre Atmosphäre und Umwelt pointiert und spielerisch verdichtet aufzuzeigen."[15]

Angesichts so früher Beispiele überrascht es, dass sich fast ein Jahrhundert später ein Teil des Publikums immer noch an Usancen stört, mit denen schon unsere Urgroßeltern konfrontiert worden waren. Im Januar 2022 fasste ein Blogger das unter konservativen Opernliebhabern verbreitete Unverständnis in eine – zumindest rhetorisch – brillante Formulierung: „Wenn eine Opern-Ouvertüre bei offenem Vorhang gespielt wird, ahnt der erfahrene Opernfreund Schlimmes."[16]

„Flashbacks" im Jahre 1870

Dabei gilt für diese Entwicklungen in mehrfacher Hinsicht das Diktum, dass alles schon einmal dagewesen. Beim Blick auf *Les troyens* von Hector Berlioz, auf Gounods *Roméo et Juliette*, aber auch auf „opéras-comiques" eines Grétry, Dalayrac, Devienne oder Martini konnten wir feststellen, wie seit den 1770er-Jahren immer wieder mit Durchbrechungen der Konvention experimentiert worden war. Ein besonders frappantes Beispiel, das souverän mit dem Öffnen und Schließen des Vorhangs während der Ouvertüre spielt, findet sich in einer italienischen Oper, die am 30. November 1870 aus der Taufe gehoben wurde und nach nur zwei Produktionen dem Vergessen anheimfallen sollte: Francesco Cortesis *La colpa del cuore* auf ein Libretto, das Raffaello Berninzone nach dem 1857 erschienenen Roman *La reine des épées* des damals sehr erfolgreichen Paul Féval eingerichtet hatte. Trotz ausgesprochen wohlwollender Kritiken hatte dieses sehr originelle „dramma lirico" keinen Erfolg. Nach der Uraufführung am Teatro Pagliano in Florenz sollte es nur eine einzige weitere Produktion erleben: 1872 am Teatro Regio in Turin (für die Chronik mag man erwähnen, dass dabei in einer Nebenrolle Francesco Tamagno, fünfzehn Jahre später der erste Otello in Verdis Oper, erstmals auf der Bühne sang).

Schon in früheren Opern hatte Cortesi ein Gespür für Neues gezeigt. So brachte er als erster eine Oper *Il trovatore* nach dem gleichnamigen spanischen Drama heraus, am 9. März 1852 in Triest. Allerdings blieb er gleichsam auf halbem Weg stehen, indem er dem Stück von António García Gutiérrez einen glücklichen Ausgang aufpfropfte. Kein Wunder, dass seine Version keine Chance hatte gegenüber der neun Monate später erstmals aufgeführten Erfolgsoper Verdis. Der Komponist des *Rigoletto* hatte sich unabhängig von Cortesi, spätestens im April 1851 für diesen Stoff entschieden, und selbstverständlich auf den Schock-Effekt des blutigen Finales gesetzt.

Achtzehn Jahre später brachten Berninzone und Cortesi *La colpa del cuore* dann ebenfalls zu einem tragischen Ende, mit dem Tod der führenden Frauenfigur. Diese Oper spielt im Milieu der Studentenverbindungen in der Universitätsstadt Tübingen. Für das Verständnis der Handlung ist – wie so oft in italienischen Opern – die Vorgeschichte unentbehrlich, insbesondere die Herkunft der wichtigsten Frauenfigur: Giulia hatte als Dreijährige nach der Mutter auch den Vater verloren. Als Waisenkind wurde sie von einer Gruppe befreundeter Studenten gemeinsam aufgezogen. Ein halbes Jahrhundert zuvor hätte der Librettist diese Zusammenhänge noch in einer Vorbemerkung zum Libretto ausgeführt und es dabei bewenden lassen. Cortesi macht diese Umstände dagegen sichtbar. In der ausgedehnten Ouvertüre mit dem hybriden Titel „Prologo-Sinfonia" wird der Vorhang zweimal für eine kurze pantomimische Darstellung geöffnet. Zunächst sehen wir, wie Giulias Vater in einem Handgemenge mit Wachsoldaten tödlich verwundet wird. Danach segnet er seine Tochter mit einem Kuss und lässt seine Kommilitonen schwören, dass sie das Waisenkind adoptieren werden.

Francesco D'Arcais, einer der führenden italienischen Opernkritiker, war begeistert.[17] Warum konnte sich Cortesis Oper dennoch nicht durchsetzen? Wohl nicht zuletzt wegen des Marketings. *La colpa del cuore* wurde nicht von einem der großen Mailänder Verleger Ricordi oder Lucca betreut, sondern von dem weitaus weniger renommierten Verlag Giudici e Strada in Turin. Cortesis atemberaubendes Experiment mit pantomimischen Handlungen, mit denen er bereits seit seiner Kindheit vertraut gewesen war – sein Vater war Choreograph gewesen, seine Mutter Ballerina –, blieb eine Fußnote der Operngeschichte.

Vorgeschichte für das innere Auge

Verschiedene Beispiele zeigen, dass die von Cortesi umgesetzte Idee einer bebilderten Ouvertüre in der zweiten Hälfte des 19. Jahrhunderts in der Luft lag. Als Vorbild mag man an Gounods *Roméo et Juliette* denken, eine Oper, die Cortesi sicher bekannt war, denn sie war bereits 1867, im Jahr der Pariser Uraufführung, in Mailand nachgespielt worden. Dies erklärt allerdings nur das Verfahren, einen Abschnitt der Ouvertüre bei geöffnetem Vorhang zu spielen. Für die Einbindung von sichtbarer (oder zu imaginierender) Handlung in die instrumentale Eröffnung scheint es dagegen kein Vorbild gegeben zu haben, zumal angesichts des großen zeitlichen Abstands – bei Cortesi ganze fünfzehn Jahre! – zwischen dem, was in der Ouvertüre gezeigt wird, und dem, was im eigentlichen Drama zu sehen sein wird. Es sei denn, man nähme an, eine Anregung des bedeutenden Naturforschers Germain Bertrand Lacépède aus dem Jahre 1785 habe bis weit ins 19. Jahrhundert hinein gewirkt. In Lacépèdes *La poëtique de musique* liest man in einer sehr ausführlichen Klassifikation fünf verschiedener Ouvertüren-Typen auch von der Möglichkeit eines „großen und prachtvollen Abbilds der wichtigen Ereignisse, die all dem, was sich ab dem ersten Moment der Handlung ereignet, vorausgegangen sein müssen".[18] Experimente mit einer derartigen Veranhörlichung der Vorgeschichte sind aus Lacépèdes Zeit nicht bekannt, auch wenn man nicht ausschließen kann, dass der musikliebende Graf selbst in einer seiner fünf Opern damit experimentiert hat. Da diese Bühnenwerke spurlos verschwunden sind, bleibt dies aber eine vage Hypothese.

Betrachtet man unausgeführt gebliebene Projekte, ist ein Libretto-Entwurf aus der Feder des Pariser Autors Eugène Scribe von Interesse, immerhin fast zweieinhalb Jahrzehnte vor Cortesis Oper und mehr als ein halbes Jahrhundert nach Lacépèdes Auslegeordnung. Die Prosaskizze dieser nie ausgeführten Oper *L'ange* wurde offenbar auf Wunsch Giacomo Meyerbeers angefertigt. Sie beginnt mit einer detailliert ausbuchstabierten Szenenanweisung für eine „ouverture (rideau levé)", für eine bei offenem Vorhang zu spielende Ouvertüre. Unter König Salomon im 10. Jahrhundert vor unserer Zeitrechnung müssen in Jerusalem die verängstigten Geschwister Sara und Eliézer mit ihrem Vater Onias ohnmächtig sehen, wie ein Unwetter ihr Haus zerstört. Auf wunderbare Weise repariert der im Titel genannte Engel Abdiël die Sturmschäden. In einer Pantomime „hat allein das Orchester den Lärm des Gewitters, Saras innere Unruhe und Abdiëls Liebe zu dem Mädchen ausgedrückt".[19]

Meyerbeer sollte dieses Projekt, das ihn im Frühjahr 1846 beschäftigt hatte, bald fallenlassen. So blieb in einem ausgearbeiteten Libretto in Scribes Nachlass von diesen Ideen nicht viel übrig. Dort beginnt der „Prologue" mit einer ersten Szene, in der wiederum „das Orchester ein Programm beschreibt", das „sich während des Schlafs Noémas vollzieht". Dabei „muss die Musik die liebliche Ruhe einer schönen Nacht in Judäa malen".[20] In nochmals erheblich veränderter Form wurde das Sujet dann von Auber unter dem Titel *L'enfant prodigue* komponiert und 1850 zur Uraufführung gebracht. In jener Fassung des Gleichnisses vom „verlorenen Sohn" spielen pantomimische Eröffnungen keine Rolle mehr. Auber beginnt seine Oper mit einer konventionellen Ouvertüre bei geschlossenem Vorhang.

Wenige Jahre später kam Meyerbeer auf die Idee zurück, in einer ausgefeilten Ouvertüre die Vorgeschichte des Dramas aufscheinen zu lassen: in einer sentimentalen Oper, die 1859 an der Pariser Opéra-Comique herauskam. Erstmals hatte er sich für ein Bühnenwerk in französischer Sprache das Libretto nicht von Scribe ausarbeiten lassen, möglicherweise auch wegen der Erfahrung, dass sich der Erfolgsautor mit pantomimischen Aktionen am Beginn einer Oper schwertat. In *Le pardon de Ploërmel* bleibt der Vorhang während der Ouvertüre geschlossen. Auch wenn entsprechende Hinweise im Libretto fehlen, illustriert die Ouvertüre offenbar die Geschichte, die sich ein Jahr vor der Bühnenhandlung zugetragen hatte. Nur wenige Kritiker der Uraufführung erkannten dieses implizite Programm. So sprach Hector Berlioz von „einer breiten deskriptiven Symphonie, in der sich der Autor vorgenommen hat, die Szenen wiederzugeben, die sich vor der Handlung ereignet haben".[21] Im Vergleich zum gescheiterten Projekt der Oper *L'ange* und den Präzedenzfällen in der opéra-comique des 18. Jahrhunderts bedeutet dies eine radikal neue Qualität. Hier manifestieren sich die Vorlieben eines an Geschichte interessierten, vom Historismus geprägten Jahrhunderts. Auch wenn es in *Le pardon de Ploërmel* wie in *L'ange* um ein verheerendes Unwetter geht, fokussiert Meyerbeer dezidiert auf Vergangenes und scheinbar Abgeschlossenes, nicht auf Ereignisse, die ihre unmittelbare Fortsetzung in dem finden werden, was nach der Ouvertüre auf der Bühne zu sehen ist. Und ganz anders als Berlioz' in seiner Notlösung für *Les troyens à Carthage* lässt er diese Vorgeschichte nicht erzählen, er macht sie sinnlich erfahrbar.

Was Berlioz in seiner Kritik von Meyerbeers Oper nur angedeutet hatte, sollte der belgische Musikpublizist François-Joseph Fétis in seiner Uraufführungskritik in sehr anschauliche Worte fassen:

> „Meyerbeer hat den Plan konzipiert, in diesem Prolog die ganze Szenerie zu rekonstruieren, die dem Sujet der Oper vorausgeht: den religiösen Marsch der Brautleute, die mit ihren Freunden vor den Altar treten, der von jenen gesungene geistliche Gesang, das Gewitter, das den Hochzeitszug zur Auflösung bringt und der Gegend Verheerung und Feuersbrunst bringt, schließlich der Wahnsinn Dinorahs, die hinter ihrer Ziege herrennt. Das ist der Aufbau der Ouvertüre […] das ist ihre Daseinsberechtigung in der Form, die ihr der Meister gegeben hat."[22]

Aus dieser Perspektive erklärt sich von selbst, warum im Verlauf der Ouvertüre ein unsichtbarer Chor hinter dem Vorhang das volkstümliche Prozessionslied „Sainte Marie" anstimmt. Während der chorische Gesang in Rossinis *Ermione* noch dem Modell eines kommentierenden Chors in der Art der antiken Tragödie verpflichtet war, wird er hier zur dramaturgischen Notwendigkeit. In der eigentlichen Oper wird nach dem Scheitern der Hochzeit Dinorahs vor Jahresfrist genau das inszeniert, was die Theaterwissenschaft heute als „re-enactment" bezeichnen würde. Die Freundinnen und Gefährten der weiblichen Hauptfigur, die in der international erfolgreichen italienischen Fassung der Oper (*Dinorah*) zur Titelheldin werden sollte, sehen keine andere Möglichkeit, die traumatisierte Frau wieder zur Vernunft zu bringen. Nochmals in den Worten von Fétis:

> „Sie versucht die erste Phrase eines geistlichen Gesangs, den damals die Landleute gesungen hatten, mit deren Fortsetzung zusammenzubringen, die sie vergessen hat, als sie auf einmal denselben Gesang in ihrer Nähe hört. Nun hören wir aber den Gesang, der hier für den Ausgang des Stücks entscheidend ist, nicht in dessen Verlauf, das kam nicht in Frage. Wenn er aber dem Publikum nicht bekannt ist, verliert er den größten Teil seiner Wirkung, wenn seine Wirkung auf Dinorahs Ohren gezeigt wird. So blieb dem Komponisten keine andere Lösung, als den Gesang […] in einer Art Prolog zu Gehör zu bringen, den er als Ouvertüre gestaltet hat."[23]

Wir sehen also, wie sich in der Mitte des 19. Jahrhunderts ein Kreis schließt – und zwar nicht nur angesichts des erneuten Rückgriffs auf die zerstörerische Gewalt der Natur, wie wir ihn schon aus *Iphigénie en Tauride*, *Guillaume Tell*, *Il pirata*, *Die Walküre* und so vielen anderen Opern

Abb. 4 In Tobias Kratzers Inszenierung von Wagners *Tannhäuser* für die Bayreuther Festspiele 2019 wurde während der Ouvertüre ein eigens gedrehtes Roadmovie gezeigt: Elena Zhidkova in der Rolle der Venus steuert einen Lieferwagen der Marke Citroën. Auf dem Beifahrersitz ist Stephen Gould als Clown in der Titelrolle zu sehen

kennen. Vielmehr zeigt sich, dass 1859 erneut und auf wahrhaft atemberaubende Weise damit experimentiert wurde, eine Ouvertüre als integralen Bestandteil in die erzählte Handlung einzubinden – also lange bevor sich diese Idee seit den 1920er-Jahren in avantgardistischer Opernregie durchsetzen und dann im sogenannten „Regietheater" zur Selbstverständlichkeit werden sollte (siehe Abb. 4). Die Frage, ob diese Handlung auf der Bühne sichtbar gemacht oder der Imagination des Publikums anheimgestellt wird, ist gewiss nicht belanglos, aus der Distanz betrachtet aber zweitrangig.

Die nachhaltige Aufwertung der Eröffnungsmusik spiegelt auf ihre Weise die permanente Krise der überkommenen Ouvertüre. Schon um 1750 in Frankreich, dann vor allem seit dem frühen 19. Jahrhundert war die instrumentale Einleitung zu musikalischen Bühnenwerken immer weiter zurückgedrängt worden, bevor das traditionelle Konzept einer in sich geschlossenen Ouvertüre ganz aufgegeben wurde und nur noch in der Schauspielmusik und im Konzertsaal überleben sollte. Für diese keineswegs linear verlaufende und von vielen Widersprüchen geprägte Entwicklung stehen unzählige Beispiele, von denen hier einige charakteristische genauer betrachtet wurden. Versucht man mit dem nötigen Abstand, gleichsam aus der Weitwinkelperspektive, ein Fazit, erscheint der allmähliche Niedergang der Ouvertüre in einem neuen Licht. Wenn sie zunächst zum Vorspiel schrumpft, bevor sie immer öfter ganz wegfällt, erweist sich dies als zwingende Konsequenz einer neuen Sensibilität für eine Spielart des Theaters, in der gesungene, aber auch von Instrumenten hervorgebrachte Töne die Hauptrolle spielen. Wenn die Musik ab dem ersten Takt als integraler Bestandteil zum Drama gehört, bleibt kein Platz mehr für eine dem Drama vorangestellte musikalische Form.

Nachweise der Zitate

1. Hans-Joachim WAGNER, *Fremde Welten. Die Oper des italienischen Verismo*, Stuttgart/Weimar: Metzler 1999, S. 84.
2. Ulrich KONRAD, *14. Intermezzo – Die Ägyptische Helena – Arabella*, in: *Richard Strauss Handbuch*, hrsg. von Walter WERBECK, Stuttgart: Metzler 2014, S. 214–241; hier S. 236.
3. Olivier MESSIAEN, *Musique et couleur. Nouveaux entretiens avec Claude Samuel*, Paris: Belfond 1986, S. 224.
4. Theodor WIESENGRUND-ADORNO, *Oper. Frankfurt a[m] M[ain]*, in: *Die Musik. Monatsschrift* 20/12 (September 1928), S. 923 f.; hier S. 923; auch in: ADORNO, *Musikalische Schriften*, Band VI, hrsg. von Rolf TIEDEMANN (Gesammelte Schriften, 19), Frankfurt am Main: Suhrkamp 1984, S. 133–136; hier S. 134.
5. Winton DEAN, *First impressions*, in: *Opera* 3/1 (Januar 1952), S. 7–11.
6. Catharine BARRETT, *The beautiful flashback*, in: *The writer* 59 (1946), S. 184–188; hier S. 184.
7. Vgl. David BORDWELL, *Reinventing Hollywood: how 1940s filmmakers changed movie storytelling*, Chicago/London: The University of Chicago Press 2017, S. 69.
8. Mosco CARNER, „Billy Budd", in: *Time and tide* 32/49 (8. Dezember 1951), S. 1184–1186; hier S. 1184.
9. Donald MITCHELL, *More off than on Billy Budd*, in: *Music survey* 4/2 (Februar 1952), S. 402.
10. D[esmond] und P[enelope] M. FITZGERALD, *Editorial: Billy Budd: the novel by Herman Melvielle*, in: *World review*. New Series 35 (Januar 1952), S. 9–12; hier S. 12.

11. Wolfgang THIEL, *Opernverfilmungen der DEFA*, in: *Oper heute. Ein Almanach der Musikbühne* 9 (1986), S. 276–290; hier S. 284.
12. Robert BRAUNMÜLLER, *Oper als Drama. Das realistische Musiktheater Walter Felsensteins* (Theatron. Studien zur Geschichte und Theorie der dramatischen Künste, 37), Tübingen: Niemeyer 2002, S. 86 f.
13. Arthur Maria RABENALT, *Die Oper vor der Entscheidung. Vortrag, gehalten in Oldenburg in der Gesellschaft für „Junge Kunst" am 8. März 1930*, in: Rabenalt, *Schriften zum Musiktheater der 20er- und 30er-Jahre. Opernregie I*, hrsg. von Marion LINHARDT (Gesammelte Schriften, 1), Hildesheim: Olms 1999, S. 7–41; hier S. 33; vgl. auch Hermann KAISER, *Modernes Theater in Darmstadt, 1910–1933: ein Beitrag zur* 1955, S. 130; ders., *300 Jahre Darmstädter Theater in Berichten von Augenzeugen*, S. 136.
14. Walter PANOFSKY, *Protest in der Oper. Das provokative Musiktheater der zwanziger Jahre*, München: Laokoon 1966, S. 162.
15. Arthur Maria RABENALT, *Die Formelemente der Oper in der modernen Inszene*, [1927 oder 1928?], in: RABENALT, *Schriften zum Musiktheater der 20er- und 30er-Jahre* (wie Anm. 13), S. 122–159; hier S. 127.
16. Peter SOMMEREGGER, *Tobias Kratzers Londoner „Fidelio": Der Schuss geht nach hinten los*, 30. Januar 2022: https://klassik-begeistert.de/dvd-rezension-ludwig-van-beethoven-fidelio-royal-opera-house-covent-garden/ (9. November 2024).
17. Vgl. [Francesco D']A[RCAIS], *Carteggi. Firenze, 2 dicembre*, in: *Gazzetta musicale di Milano* 25/49 (4. Dezember 1870), S. 401.
18. [Bernard-Germain de] LACÉPÈDE, *La poëtique de la musique*, Paris: Monsieur 1785, Band II, S. 14.
19. Manuela JAHRMÄRKER, *Die Libretto- und Opernwerkstatt Eugène Scribe. Edition der Werkpläne/L'atelier du librettiste Eugène Scribe. Édition des plans des livrets d'opéra*, Würzburg: Königshausen & Neumann 2015, Band III (*1849–1856*), S. 1211.
20. Kopisten-Abschrift des vollständigen Librettos, ohne Titel, in: Paris, Bibliothèque Nationale de France, Département des manuscrits, Nouvelles acquisitions françaises 22504, f. 325–390; hier f. 326'.
21. Hector BERLIOZ, *Théâtre de l'Opéra-Comique. Première représentation du Pardon de Ploërmel, opéra-comique en trois actes de MM. J[ules] Barbier et Michel Carré, musique de M. Meyerbeer*, in: *Journal des débats politiques et littéraires* vom 10. April 1859, S. 1 f.; hier S. 1.
22. [François-Joseph] FÉTIS, *Le Pardon de Ploërmel. Opéra-comique en trois actes, Paroles de MM. Jules Barbier et Michel Carré, musique de G[iacomo] Meyerbeer (Premier article)*, in: *Revue et gazette musicale de Paris* 26/16 (17. April 1859), S. [125]–127; hier S. [125].
23. Ebd.

Nachbemerkung und Dank

Eine Geschichte der Ouvertüre wäre ein dringendes Desiderat. Die letzte Gesamtdarstellung, das immer noch lesenswerte Buch von Hugo Botstiber, ist inzwischen über hundert Jahre alt.[1] Somit ist für die Ouvertüre eine „allgemeine Vernachlässigung" zu konstatieren,

> „die aus ihrer eigentümlichen Mittelstellung zwischen Oper und Symphonie resultiert: Während sie für die Opernforschung einen peripheren Gegenstand bildet, wird ihr von den Adepten der ‚absoluten Musik' nur ein untergeordneter ästhetischer Rang zuerkannt. Die vor allem im deutschen Raum sorgfältig gepflegte Tradition der Geringschätzung der Ouvertüre als funktionale, unselbstständige, von ‚außermusikalischen' Aspekten kontaminierte und zum Potpourri neigende Gattung bildete die Kehrseite der Kanonisierung der Symphonie der Wiener Klassiker und des Konzepts des autonomen, ‚organischen' Kunstwerks."[2]

In den letzten Jahrzehnten wurden immerhin drei Dissertationen und eine Monographie vorgelegt, die einzelne Aspekte der Opern-Ouvertüre vertieft untersucht haben.[3] Einige ihrer Ergebnisse sind in die entsprechenden Kapitel eingeflossen. Für die meisten hier behandelten Aspekte war dagegen Forschung an den Quellen erforderlich. Für logistische Unterstützung dabei und den kritischen Blick auf ältere Fassungen des Textes danke ich sehr herzlich Carmen Lee (Basel), Michael Matter

(Basel), Stephan Mösch (Karlsruhe), Martin Pensa (Bern), Ivana Rentsch (Hamburg), Michael Stallknecht (München), Arne Stollberg (Berlin) und Christine Tauber (München), Oliver Schütze (Stuttgart/Heidelberg) für das engagierte und vertrauensvolle Lektorat im Metzler-Verlag. Der größte Dank gilt einer Person jenseits der Bühne: Die Begegnung mit ihr im Oktober 1984 sollte sich als Ouvertüre zu Exzeptionellem erweisen.

Nachweise der Zitate

1. Vgl. Hugo BOTSTIBER, *Geschichte der Ouvertüre und der freien Orchesterformen* (Kleine Handbücher der Musikgeschichte nach Gattungen, 9), Leipzig: Breitkopf & Härtel 1913, 274 S.
2. Stefan KEYM, *Tradition und Innovation in Wagners frühen Ouvertüren: von „König Enzio" über „Polonia" bis zum „Tannhäuser"*, in: *Richard Wagner. Persönlichkeit, Werk und Wirkung*, hrsg. von Helmut LOOS, Markkleeberg: Sax 2013, S. 31–38; hier S. 31.
3. Vgl. Susanne STEINBECK, *Die Ouvertüre in der Zeit von Beethoven bis Wagner. Probleme und Lösungen* (Freiburger Schriften zur Musikwissenschaft, 3), München: Katzbichler 1973, 170 S.; Matthias CORVIN, *Formkonzepte der Ouvertüre von Mozart bis Beethoven* (Kölner Beiträge zur Musikwissenschaft, 3), Kassel: Bosse 2005, 295 S.; Patrick TAÏEB, *L'ouverture d'opéra en France de Monsigny à Méhul*, Paris: Société française de musicologie 2007, 494 S.; Steven VANDE MOORTELE, *The Romantic Overture and Musical Form from Rossini to Wagner*, Cambridge: Cambridge University Press 2017, xiii + 289 S.

Abbildungsnachweise

Sinfonia und Ouverture
Abb. 1 Antwerpen, Erfgoedbibliotheek Hendrik Conscience (mit einem herzlichen Dank an Herrn Dr. Timothy De Paepe).
Abb. 2 Paris, Bibliothèque Nationale de France, Bibliothèque de l'Opéra.

Experimente in der Zeit der „Aufklärung"
Abb. 1 Wien, Österreichische Nationalbibliothek (Mus.Hs.16517/1, f. [2]).
Abb. 2 C[laude-] N[icolas] LEDOUX, *L'architecture considérée sous les rapport de l'art, des mœurs et de la législation*, Paris: Peronneau 1804, pl[anche] 113.
Abb. 3 Ville de Paris, Bibliothèque historique, 2-PLA-0392 (RES).
Abb. 4 London, British Library

Kurz oder lang?
Abb. 1 Mainz, Bibliothek des Instituts für Musikwissenschaft der Johannes Gutenberg-Universität.
Abb. 2 München, Deutsches Theatermuseum, Inv. Nr. VII 1121 (ID 53944) (mit einem herzlichen Dank an Frau Dr. Susanne De Ponte).
Abb. 3 Bayreuth, National-Archiv der Richard-Wagner-Stiftung.

Konkurrenz zur Symphonie
Abb. 1 Drottningholm, Slottsteater (Foto: Bengt Wanselius).
Abb. 2 akg images

Sichtbares und Unsichtbares
Abb. 1 Wien, Österreichische Nationalbibliothek.
Abb. 2 Wien, KHM-Museumsverband, Theatermuseum.
Abb. 3 Wien, KHM-Museumsverband, Theatermuseum.

© Der/die Herausgeber bzw. der/die Autor(en), exklusiv lizenziert an Springer-Verlag GmbH, DE, ein Teil von Springer Nature 2025
A. Gerhard, *Vorhang auf?*,
https://doi.org/10.1007/978-3-662-70535-3

Rückblenden und Prologe
Abb. 1 *Il teatro illustrato e la musica popolare* 12/138 (Juni 1892), S. [85].
Abb. 2 Rio de Janeiro, Theatro Municipal.
Abb. 3 aus: *The Operas of Benjamin Britten*, hrsg. von David HERBERT, London: Hamilton 1979.
Abb. 4 Frankfurt am Main, picture alliance dpa Festspiele Bayreuth (Foto: Enrico Nawrath)

Personen- und Werkregister

A
Agricola, Johann Friedrich 11
  Cleofide 12
Aibl, Josef 59
Algarotti, Francesco 11, 12, 22
Anonym
  Cupid and Psyche, or Columbine Courtezan 36
Auber, Daniel-François-Esprit
  La muette de Poritci 119
  Le philtre 65
  L'enfant prodigue 123

B
Bach, Johann Sebastian 9–11
  Nun komm der Heiden Heiland BWV 61 10
  Praeludium und Fuge Es-Dur BWV 552 10
Banks, John
  The Unhappy Favourite; or, The Earl of Essex 36
Beethoven, Ludwig van 6, 44, 47, 99, 118
  Die Ruinen von Athen 91
  Fidelio (Leonore) 90–99, 118, 119
Bellini, Vincenzo
  Il pirata 28, 124
Benda, Georg Anton
  Ariadne auf Naxos 51
  Medea 51
Berg, Alban 109
Berlioz, Hector 42, 56, 75, 83, 94, 123
  Béatrice et Bénédict 76
  Benvenuto Cellini 76
  Les troyens 75, 77, 78, 85, 120, 123
  Roméo et Juliette 79
Berninzone, Raffaello 120, 121
Berton, Pierre-Montan
  Deucalion et Pirrha 25, 28
Biedenfeld, Ferdinand Leopold Carl von 74, 75
Bizet, Georges
  Carmen 31

Boccaccio, Giovanni 80
Boieldieu, François-Adrien
   La dame blanche 117
Bonaparte, Joseph 50
Bonaparte, Napoléon 34, 46, 50, 54
Botstiber, Hugo 129
Bouttats, Pieter Balthazar 8
Brahms, Johannes 6
Brecht, Bertolt 35, 112
Brioschi, Anton 97
Britten, Benjamin
   Billy Budd 115–118
   Owen Wingrave 115
   The Rape of Lucretia 112
   The Turn of the Screw 112
Bülow, Hans von 60
Busoni, Ferruccio
   Arlecchino 113
   Doktor Faust 113

C

Caccini, Giulio
   Euridice 3
Cambreling, Sylvain 99
Cammarano, Salvadore 73
Campra, André
   Tancrède 7, 8
Carner, Mosco 117
Carvalho, Léon 79
Castil-Blaze, François
   Henri Joseph 35
Catalani, Alfredo
   La Wally 71
Cavalli, Francesco 7
   Giasone 5
   Serse 7
Cesti, Antonio
   Il pomo d'oro 5
Cherubini, Louis 44
   Médée 31
Coltellini, Marco 22, 23

Cortesi, Francesco
   La colpa del cuore 120–122
Cossa, Pietro
   Nerone 107

D

Dalayrac, Nicolas 34, 120
   *Azémia, ou Le nouveau
   Robinson* 29, 52
   Raoul, sire de Créqui 31, 35
D'Arcais, Francesco 121
De Majo, Gian Francesco
   Ifigenia in Tauride 25, 26
Devienne, François 34, 120
   Les visitandines 28
Devrient, Eduard 88, 89
Dezède, Nicolas
   Péronne sauvée 31
Dibdin, Charles 35
Donizetti, Gaetano 51, 83
   Il campanello 51
   Les martyrs 81, 83
   Poliuto 81, 82
   Roberto Devereux 36, 48, 81
Dorman, Joseph
   *The Female Rake; or, Modern
   Fine Lady* 35
Draghi, Antonio
   L'albero del ramo d'oro 5, 9, 24

E

Egk, Werner
   *Die Verlobung in San
   Domingo* 112–113

F

Falla, Manuel de
   El retablo de Maese Pedro 111–112
Felsenstein, Walter 118

Fétis, François-Joseph 124
Féval, Paul 120
Fink, Gottfried Wilhelm 45
Franz Joseph I., Kaiser von
 Österreich 53
Friedrich, Götz 119
Friedrich II., König in Preußen
 11, 12, 66
Furtwängler, Wilhelm 93, 98

Grétry, André-Ernest-Modeste
 34, 65, 120
 *Aucassin et Nicolette, ou Les mœurs
  du bon vieux tems* 30, 31
 Le jugement de Midas 27, 87
 Panurge à l'isle des lanternes
  99–101
 Richard-Cœur de lion 34
 Zémire et Azor 27, 28

G
Gagliano, Marco da
 Dafne 3
García Gutiérrez, António
 El trovador 121
 Simón Bocanegra 84
Garnier, Charles 67
Giraud, François-Joseph
 Deucalion et Pirrha 25, 28
Giudici, Giovanni Battista 121
Glinka, Michail Iwanowitsch
 Ruslan i Ludmila 54
Gluck, Christoph Willibald 21, 44, 74
 Alceste 18, 19, 21, 22, 77
 Iphigénie en Tauride 26, 27, 100, 124
 L'île de Merlin 26
Göhler, Georg 98
Gonzaga, Federico II., Herzog von
 Mantua 2
Gonzaga, Gianfrancesco I., Herzog
 von Mantua 2
Gould, Stephen 125
Gounod, Charles 83
 Roméo et Juliette 79, 120, 122
Gozzi, Carlo
 L'amore delle tre melarance 113
Grangé, Petrus 8
Graun, Carl Heinrich
 Cesare e Cleopatra 13
 Ezio 13
 Lucio Papirio 13

H
Händel, Georg Friedrich 7–10,
 35, 36
 Arianna in Creta 8
 Floridante 37
 Giulio Cesare in Egitto 9
 Musick for the Royal Fireworks 16
 Riccardo primo, Re d'Inghilterra 9
 Siroe 36
 Sosarme, re di Media 9
 *Vincer se stesso è la maggior vittoria
  (Rodrigo)* 8
Hanslick, Eduard 80
Haydn, Joseph 6, 34
 Die Schöpfung 16
 La fedeltà premiata 33
 Sinfonie C-Dur Hob. I/60 23, 24
Hérold, Ferdinand
 Le pré aux clercs 54
 Zampa 53, 56, 57
Hindemith, Paul
 Mathis der Maler 58
Hoffmann, Ernst Theodor
 Amadeus 33
Hoffmann, Josef 62
Holzbauer, Ignaz
 Günther von Schwarzburg 45
Hugo, Victor
 Le roi s'amuse 3
Hummel, Ferdinand
 Mara 52, 53

I
Iriarte, Tomas de 43, 44
Istel, Edgar 93

J
Jommelli, Nicolò
  Ifigenia in Tauride 25, 26
Jürgens, Jürgen 99

K
Kalbeck, Max 95
Klingemann, Carl 44
Klotz, Simon 59
Kotzebue, August von
  Die Ruinen von Athen 91
Kratzer, Tobias 125
Kreutzer, Rodolphe
  Lodoïska 32
Kupfer, Harry 119

L
Lacépède, Germain Bertrand 122
Lachner, Franz 91, 92
Lampe, John Frederick
  The Original Medley Overture 36, 37
Laubner [Bochníček], Julius
  Gunard 28
Ledoux, Charles-Nicolas 27
Leoncavallo, Ruggero
  Pagliacci 105–107, 109, 111, 112
Leopold I., Kaiser des Heiligen
  Römischen Reichs 5
Ligeti, György
  Le grand macabre 111
Lillo, George
  The London Merchant 35
Linzaghi, Carlo 109
Liszt, Franz 75, 76
Lloyd Webber, Andrew 38

Lobe, Johann Christoph 74, 75
Lortzing, Albert
  Der Wildschütz 52
Lovisa Ulrika, Königin von
  Schweden 66
Lucca, Francesco 121
Ludwig II., König von Bayern 59, 60
Ludwig XIV., König von
  Frankreich 7, 17
Lully, Jean-Baptiste 7, 10, 17
Lunois, Alexandre 67
Luther, Martin 10

M
Mahler, Gustav 6, 90, 93–96, 98, 117
Manger, Jürgen von 39
Marmontel, Jean-François 65
Marschner, Heinrich
  Hans Heiling 88, 90
Marthaler, Christoph 99
Martini, Jean-Paul-Égide 34, 120
  Henry IV 33
  Le droit du seigneur 29, 87
Marx, Adolf Bernhard 45
Mascagni, Pietro
  Cavalleria rusticana 87, 105,
    106, 119
  Iris 87, 88
  L'amico Fritz 87
  Nerone 107
Massenet, Jules
  Chérubin 111
  Le Cid 110
  Manon 114
  Werther 53
Mattheson, Johann 13
Maurel, Victor 109
Medici, Großherzöge
  der Toskana 2, 3
Méhul, Étienne-Nicolas 34, 44
  Le jeune Henri 33, 34

PERSONEN- UND WERKREGISTER 137

Melville, Herman 115–117
Mendel, Hermann 45
Mendelssohn Bartholdy,
    Felix 44, 88
Mendelssohn, Moses 26
Merelli, Bartolomeo 93
Messiaen, Olivier 111, 118
    Saint François d'Assise 111
Meyerbeer, Giacomo 74, 83
    Il crociato in Egitto 49
    L'ange 122, 123
    Le pardon de Ploërmel 81, 123, 124
    Le prophète 48, 49, 51
    Les huguenots 46, 48
    Margherita d'Anjou 32
    Robert le diable 48
Mitchell, Donald 117
Molteni, Emilia 11
Monsigny, Pierre-Alexandre
    La belle Arsène 35
    Le déserteur 31
Monteverdi, Claudio
    Orfeo 1–4, 99, 111
Mottl, Felix 99
Mozart, Wolfgang Amadé 6, 33, 44, 54
    Così fan tutte 21
    Die Zauberflöte 45, 46
    Don Giovanni 21, 54
Murat, Joachim 50, 54
Musorgski, Modest Petrowitsch
    Boris Godunow 114

N
Nagano, Kent 92
Nicolai, Otto 93, 94
    Die lustigen Weiber von Windsor 54
Nikisch, Arthur 98, 99
Nono, Luigi
    Intolleranza 1960 112
Nougaret, Pierre-Jean
    Baptiste 17

O
Offenbach, Jacques 38, 39, 100
Ophüls, Max 118, 119
Orff, Carl
    Der Mond 113

P
Paër, Ferdinando
    Achille 32, 33
Pasch, Johan 66
Pepusch, Johann Christoph
    The Beggar's Opera 9, 35–37
Peri, Jacopo
    Euridice 3
Peyre, Marie-Joseph 30
Piccinni, Niccolò 65
Piper, John 115
Pisendel, Johann Georg 37
Ponnelle, Jean-Pierre 119
Proch, Heinrich 94
Prokofjew, Sergej Sergejewitsch
    Ljubow k trjom apelsinam (*L'amour
    des trois oranges*) 113
    Woina i mir 113, 114
Puccini, Giacomo 117
    Edgar 86
    Gianni Schicchi 86
    Il tabarro 86
    La bohème 85, 86
    La fanciulla del West 86
    Le Villi 71, 86
    Madama Butterfly 71, 86
    Manon Lescaut 86
    Suor Angelica 86
    Tosca 86
Purcell, Henry
    Dido and Aeneas 7

Q
Quantz, Johann Joachim 11, 12

R

Rabelais, François 100
Rabenalt, Arthur Maria 119, 120
Rameau, Jean-Philippe 11, 13, 14, 17, 22, 24, 34
   Hippolyte et Aricie 14
   Les fêtes de Polymnie 14
   Les Indes galantes 29
   Naïs 15, 16, 30, 31
   Platée 14
   Zaïs 15
   Zoroastre 17
Rebel, Jean-Féry
   Les élemens 16
Regnard, Jean-François
   Le distrait 23
Reni, Guido 59
Richardson, Samuel 36
Ricordi, Tito 121
Ripellino, Angelo Maria 112
Roller, Alfred 95, 97
Rossini, Gioachino
   Almaviva, ossia L'inutile precauzione (Il barbiere di Siviglia) 49
   Aureliano in Palmira 49
   Elisabetta, regina d'Inghilterra 49
   Ermione 50, 82, 83, 124
   Guillaume Tell 50, 51, 53, 83, 124
   Il viaggio a Reims 46, 49
   La donna del lago 50, 83
   La gazza ladra 46
   Le comte Ory 50
   Le siège de Corinthe 49, 83
   L'occasione fa il ladro 50
   Maometto II 50
   Moïse 49, 50, 83
   Mosè in Egitto 46, 50, 83
   Zelmira 50
Rózsa, Miklós 118
Rubens, Peter Paul 2

S

Salieri, Antonio
   Armida 22, 23
Sayn-Wittgenstein, Caroline von 75
Scarlatti, Alessandro
   Tutto il mal non vien per nocere 6
Scheibe, Johann Adolph 11
Schiller, Friedrich (von) 66
   Kabale und Liebe 73
Schönberg, Arnold 109
Schonenberger, Georges 82
Schostakowitsch, Dmitri Dmitrijewitsch
   Nos 111
Schubert, Franz 6
Schumann, Robert 6
Scribe, Eugène 122, 123
Shakespeare, William
   Romeo and Juliet 79
Smetana, Bedřich
   Prodána nevěsta 86, 118
Sonzogno, Edoardo 109
Strada, Achille 121
Strauss, Johann (Sohn)
   Die Fledermaus 38
Strauss, Richard
   Arabella 109
   Capriccio 109
   Der Rosenkavalier 109
   Die schweigsame Frau 109
   Elektra 109
Strawinsky, Igor 114
   The Rake's Progress 111
Suppè, Franz von
   Leichte Kavallerie 54, 56

T

Tamagno, Francesco 120
Tobisch, Carl 94
Tolstoi, Ljow Nikolajewitsch 113
Tschaikowski, Pjotr Iljitsch 6
   Mazepa 32

V

Verazi, Mattia 25
Verdi, Giuseppe 41, 47
   Aida 47, 48
   Don Carlos 70, 71, 117
   Falstaff 47, 85, 114
   Il trovatore 46, 47, 121
   La forza del destino 47, 48, 88, 90
   La traviata 69, 70
   Les vêpres siciliennes 47, 48
   Luisa Miller 72, 73
   Nabucodonosor 42
   Otello 28, 47, 120
   Rigoletto 3, 4, 47, 121
   Simon Boccanegra 84, 85, 88
Verga, Giovanni
   Cavalleria rusticana 106
Visconti, Eliseu 110
Vivaldi, Antonio 33
Voltaire (François-Marie Arouet) 65

W

Wagner, Cosima 61
Wagner, Richard 34, 41, 45, 58, 59, 62, 65, 72, 74, 94, 98
   Das Rheingold 61–63
   Der Ring des Nibelungen 61
   Die Meistersinger von Nürnberg 58, 60, 61
   Die Walküre 28, 124
   Götterdämmerung 98, 116
   Lohengrin 68–70
   Parsifal 58, 60
   Rienzi, der Letzte der Tribunen 41, 42
   Tannhäuser und der Sängerkrieg auf der Wartburg 125
   Tristan und Isolde 58, 60
Wailly, Charles de 30
Weber, Carl Maria von 74
   Der Freischütz 42–45, 48
   Euryanthe 53
Weill, Kurt
   Der Zar läßt sich photographieren 114
   Die Dreigroschenoper 35
Weingartner, Felix (von) 95, 97, 98
Weißheimer, Wendelin 94
Welles, Orson 117
Welser-Möst, Franz 95
Wendt, Amadeus 93
Wesendonck, Mathilde 60
Wiesengrund-Adorno, Theodor 114
Wolfram, Joseph 44
   Maja und Alpino 44

Z

Zecca, Ferdinand 116
Zhidkova, Elena 125
Zimmermann, Bernd Alois
   Die Soldaten 111
Zumpe, Hermann 99

GPSR Compliance

The European Union's (EU) General Product Safety Regulation (GPSR) is a set of rules that requires consumer products to be safe and our obligations to ensure this.

If you have any concerns about our products, you can contact us on

ProductSafety@springernature.com

In case Publisher is established outside the EU, the EU authorized representative is:

Springer Nature Customer Service Center GmbH
Europaplatz 3
69115 Heidelberg, Germany

www.ingramcontent.com/pod-product-compliance
Lightning Source LLC
LaVergne TN
LVHW011005250326
834688LV00004B/87